ゴルバチョフと池田大作

冷戦、ペレストロイカ、そして未来へ向けて

中澤孝之

角川書店

池田大作名誉会長とミハイル・ゴルバチョフ元ソ連大統領
（東京・八王子 創価大学 '93.4.24）

池田夫妻とゴルバチョフ夫妻
(大阪・交野 関西創価学園 '97.11.20)

創価大学名誉学位記授与式で記念講演
(創価大学 '93.4.24)

第4次訪ソで「核兵器――現代世界の脅威」展を開催
(モスクワ市美術家同盟会館 '87.5.25)

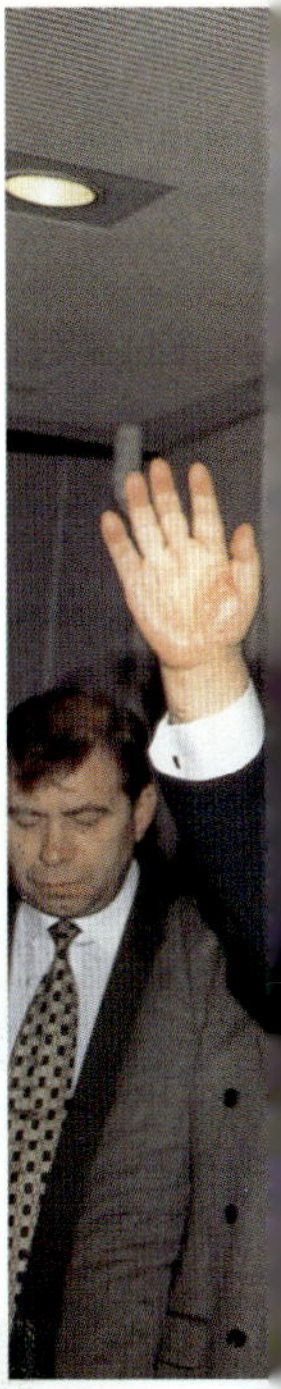

'99年逝去したライサ夫人を偲び懇談
(都内ホテル '01.11.15)

ゴルバチョフ、(右側より)孫娘アナスタシアさん、令嬢イリーナさんが池田夫婦と記念撮影
(聖教新聞社 '03.3.22)

(創価大学)ゴルバチョフ夫婦桜と周夫婦桜

対談集「二十世紀の精神の教訓」各国語版

目次

主要写真掲載ページ一覧

見出し	年月日	主な写真（本文掲載ページ）	写真掲載ページ
第一次訪ソ	’74年 9月17日	コスイギン首相と初会見(P.60)	P.61
第二次訪ソ	’75年 5月27日	モスクワ大学名誉博士号受賞、記念講演（P.68)	P.69
第三次訪ソ（上)	’81年 5月14日	チーホノフ首相と会見（P.78)	P.153
（下)	5月12日	故・コスイギン首相令嬢と会見	P.79
第四次訪ソ	’87年 5月25日	「核兵器－現代世界の脅威」展（P.216)	P.217
第五次訪ソ	’90年 7月27日	ゴルバチョフ大統領と初会談（P246)	P.247
第六次訪ロ	’94年 5月20日	モスクワで対談「二十世紀の精神の教訓」を開始（P.280)	P.281
会談（上)	’91年 4月18日 ’93年 4月24日	元赤坂・迎賓館で再会（P.260) 創価大学を訪問（P.279)	P.261
会談（下)	’97年11月20日 ’03年 3月22日	関西創価学園を訪問（P.118) ゴルバチョフ家三世代の交流（P.282)	P.117
平和への行動	’57年 9月 8日 ’88年10月 1日	第二代会長・戸田城聖の「原水爆禁止宣言」発表（P.27) 池田に届けられたINFの破片（P.219)	P.203
文化交流	’66年 9月〜 ’03年11月	民音「国立ノボシビルスクバレエ団」を招聘（P.259) 東京富士美術館の「第九の怒濤」展	P.141

ゴルバチョフと池田大作

装幀　　松原健一
口絵
本文デザイン

写真提供　聖教新聞社

第1章　米ソ冷戦の時代

1. ソ連とは――どんな国であったか

私たちの生きている今の世界において、一つの国が突然なくなってしまうということがあり得るだろうか。実際には、それが起きたのだ。

二十世紀の末、ある国の名前が地図から消えた。それも超大国といわれたソビエト連邦（ソ連）が、あっと言う間に、地球上から消滅したのである。消滅したと言っても、かつてソ連が存在した場所には、ソ連を構成した十五の共和国が独立国として存続し、それぞれの国民は新しい国籍を持って生活し続けている。彼らは、ソ連国民とは呼ばれなくなっただけのことである。

約七十年の間存在していたソ連がなぜ消えてしまったのか。自然に「崩壊した」のではない。したがって、筆者は、よくいわれる「ソ連崩壊」ではなく、「ソ連解体」あるいは「ソ連消滅」と言っている。「ユーゴスラビア崩壊」とは言わず、「ユーゴスラビア解体」と称するのと同じだ。

ソ連の正式名称は「ソビエト社会主義共和国連邦」である。

ソ連は世界で初めての社会主義国であった。ソ連を共産主義国と呼ぶ向きもあったが、これは間違いで、共産主義の国はこの世の中にまだ出現したことはない。ソ連は共産主義を標榜《ひょうぼう》した国ではあったが、共産主義の国ではなかった。

一九七七年十月七日制定のソ連憲法（ブレジネフ憲法といわれた）第一章第一条は次のようにソ連という国を定義していた。

「ソビエト社会主義共和国連邦は、労働者、農民およびインテリゲンツィア、ならびにこの国のすべての民族および民族体の勤労者の意志と利益を代表する社会主義的全人民国家である」

そして、同憲法の前文には次のような文章が掲げられていた。

「ソビエト国家の至高の目的は、社会的な共産主義的自治がその中で発展する無階級共産主義社会の建設をやり遂げることである」

ロシアは十七世紀初めから帝政（帝王支配の政治が行われた）の国だった。帝政ロシアは、皇帝《ツァーリ》が君臨した専制封建制度国家だった。貴族階級と平民、主に農民階級に峻別された階級社会で構成されていた。

ロマノフ王朝（一六一三年成立）の絶対主義支配は三百年余り続いた。十九世紀末にマルクス主義革命運動が活発となり、二十世紀に入り一九一七年（大正六年）十一月、ロマノフ王朝が倒された。社会の不平等、不公正、後進性に義憤を感じた革命グループが仕掛けた「大十月社会主義革命」（単に「十月革命」とか「ロシア革命」ともいう）により最後のニコライ二世が退位し、ついに皇帝一家は処刑されるという悲劇に見舞われた。そして、ソビエト政権が誕生。「ソビエト」というロシア語は帝政末期の国会《ドゥーマ》に代わる「評議会」の意味である。

革命の指導者はウラジーミル・イリイッチ・ウリヤーノフだった。ウラジーミルはファーストネーム、イリイッチは父称で、苗字はウリヤーノフである。レーニンという名前はニックネームだ。

レーニンとともに革命に参加し、レーニンの後継者となったスターリン（鋼鉄の人）もニックネームであった。革命グループの多数派《ボリシェビキ》のリーダーだったレーニンは「革命の父」と呼ばれた。

ゴルバチョフ時代も含めてソ連は、一九二四年一月のレーニンの死去以後、ソ連共産党書記長（第一書記）の名前を冠し、何々時代と呼ばれてきた。

①スターリン時代（～五三年三月）、②フルシチョフ時代（～六四年十月）、③ブレジネフ時代（～八二年十一月）、④アンドロポフ、チェルネンコ時代（～八五年三月）、⑤ゴルバチョフ時代（～九一年十二月）の五つに大別される。④はブレジネフの後継指導者だったアンドロポフとチェルネンコの二人ともに相次いで病死したため、合わせてわずか二年四カ月という短期間であった。

さて、大十月社会主義革命の成就によって新ソビエト政権は一九一八年三月、ペテルブルク（一七〇三年建都）からモスクワに遷都した。同年十月ロシア・ソビエト連邦社会主義共和国が成立し、革命五年後の一九二二年十二月三十日、第一回ソ連邦ソビエト大会で、ソビエト社会主義共和国連邦の成立が宣言された。

ソ連の二千二百四十万平方キロメートルという面積は日本の約六十倍。地球の陸地の六分の一に形成された巨大国家の出現であった。百を超える多民族から成る集合体で、十五の共和国、二十の自治共和国、八の自治州、十の自治管区が統合された。共和国はその国の多数民族の名を冠して名付けられた。例えば、ウクライナ共和国、グルジア共和国はそれぞれ、ウクライナ人、グルジア人が多数を占める共和国であった。

ソ連の中心的存在は、最大の共和国であるロシア共和国だった。ロシア共和国の首都モスクワがソ連の首都でもあった。モスクワがソ連の中心であり、モスクワの中心はクレムリンと呼ばれた。

「クレムリン」とは城塞《じょうさい》を意味するロシア語だ。クレムリンとその周辺にソ連共産党、ソ連政府の機能が集中していた。だから、単に「モスクワ」あるいは「クレムリン」という言葉で、ソ連やソ連指導部を指し示す場合が多かった。ソ連がなくなった現在では、ロシアやロシア指導部を指すときに使われる。

ウラジーミル・I・トローピン元モスクワ大学副総長兼教授は次のように書いている（『出逢いの二十年』ウラジーミル・トローピン、斉藤えく子・江口満・道口幸恵訳、潮出版社、'95・5刊）。

「わが国は、体制上は『ソビエト連邦』だったが、社会の本質においては、いつの世も『ロシア』であり続けた。そして、その『ロシア』史に見られる強権的体制や規律自体を、ロシア人の手に負えない奔放さが招いた結果だと見る人も少なくない。このロシア人の心の大らかさは、憎悪につけ、友愛につけ、あらゆる場合で、人間性の発露となって表れてくる」

「『ロシア人の不幸は、自由でありたいという以上に自由民（気まま）でありたいという伝統的傾向性にある』との指摘がたびたびなされているが、多くの意味でこれは的を射ていると言わざるを得ない。同時に、このようなわが国民の特徴の愛すべき側面も語っておくべきであろう。実は、この『特殊性』こそが、ロシア人の心の広さ、『欲しいものを愛する』的精神を成すものであり、それが魂の飛翔、創造性のほとばしりを可能にし、ひいては、ロシア文学という宝を生み出したのである」

ロシア文学

そう、ロシア文学はロシア人が生み出した宝である。ロシア文学は帝政ロシアとか社会主義政権といった体制とはかかわりなく伝統を誇り、歴史に燦然と輝きを放っている。プーシキン、ゴーゴリ、レールモントフ、ドストエフスキー、ゲルツェン、ツルゲーネフ、トルストイ（レフ）、チェルヌイシェフスキー、ネクラーソフ、チェーホフ、ゴーリキー、ブーニンといった十九世紀の著名なロシアの作家たちは日本にもなじみがあり、日本文学に多大な影響を与えた。

革命後も、散文と詩とを問わずソビエト文学では、マヤコフスキーはじめ、トルストイ（アレクセイ）、エレンブルグ、パステルナーク、エセーニン、ブルガーコフ、トワルドフスキー、オクジャワ、エフトシェンコ、アイトマートフ、ボズネセンスキー、アフマドーリナ、ソルジェニーツィン、ショーロホフ、クズネツォフらが輩出した。

ノーベル文学賞の受賞者はブーニン（イワン＝亡命後の一九三三年受賞）、パステルナーク（ボリス＝一九五八年授賞したが辞退）、ショーロホフ（ミハイル＝一九六五年受賞）、ソルジェニーツィン（アレクサンドル＝国外追放の四年前の一九七〇年受賞）の四人を数える。

ショーロホフの代表作は長編小説『静かなるドン』である。ソビエト文学最高の傑作といわれたこの作品は、ショーロホフ弱冠二十三歳で書き始め、十二年の歳月を費やして完成された。第二次世界大戦の直前であった。『人間の運命』や『開かれた処女地』でも知られるショーロホフは一九八四年に七十九歳でこの世を去っているが、生前この文豪と会見した日本人がいる。当時、創価学会会長だった、この本の主役の一人である池田大作である。一九七四年九月の第一次池田訪ソの時だった。

関係者によると、既に六十九歳を過ぎていたショーロホフはかなり気難しく、容易に会える人物ではなかったようだ。そのショーロホフがモスクワの中心部の質素なアパートで、四十六歳の池田とその一行を迎えた。遠来の客の訪問に気をよくしたショーロホフは、医者に禁じられていたアルコールを飲み干し、下戸《げこ》の池田にもコニャックのグラスを強く勧めた。

二人は、たちまち肝胆《かんたん》相照らす仲となった、と同席していたトローピン元副総長は回想する。池田は帰国後、ショーロホフとの出会いについて次のような文章をしたためた（「毎日新聞」'74・9・22）。

「氏（ショーロホフ）が一貫して追い続けたテーマは『人間いかに生きるか』である。（中略）『まずその人の信念の問題です』と氏は語る。ショーロホフ氏の見解は、私と通じるものがあった。『信念のない人は何もできやしない。われわれはみなが〝幸福の鍛冶屋《かじや》〟ですよ。精神的に強い人は、運命の曲がり角にあっても自分の生き方に、一定の影響を与え得ると信ずる』私は〝幸福の鍛冶屋〟という言葉にも、氏の人間であることへの慈《いつく》しみをみた」

「『長い人生になると一番苦しかったことは、思いだしにくくなります。長くなると、いろんな出来事の色彩が薄くなり、一番うれしかったことも、一番悲しかったことも、一切合切、過ぎ去っていきます』私はこの人生の達人の体の中に、ドン川の静かな流れが流れているのをみた——」

トローピン教授は言う。「豊かな感性と美的感覚を持って現実に迫ろうとする日本人と現実より神話の世界にひたり、合理より感情を重んじるロシア人という、異なる民族性を代表する二人の出会いは、特別な意味を持っていた」と。

もう一人、ソ連文学の代表者を紹介しておきたい。畜産の技師だったキルギス人チンギス・アイトマートフである。レーニン文学賞、ソ連国家功労賞、十月革命勲章など多数の賞を受賞。代表的な長編『一世紀より長い一日』のほか『最初の教師』『白い汽船』『チンギス・ハンの白い雲』そしてSF小説『カッサンドラの烙印《らくいん》』などがある。

アイトマートフは「ペレストロイカの旗手的作家」としてゴルバチョフ大統領の評価を受け、大統領の要請で諮問機関だった大統領会議のメンバーに加わった。ソ連時代末期にルクセンブルク駐在ソ連大使、ソ連解体後も引き続きキルギス共和国在ベネルクス大使を務めている。

激動の九〇年代の初め、同じ一九二八年生まれのアイトマートフと池田は三年間の親交を踏まえて対談集『大いなる魂の詩・上下』（池田大作、C・アイトマートフ、読売新聞社、'91・11刊）をまとめた。上巻は保守派による反ゴルバチョフ・クーデター後の九一年十一月に、下巻はソ連が消滅した後の九二年五月に出版された。文学の本質、宗教の原点、環境問題の深淵を鋭く抉った画期的な「炉端《ろばた》会談」である。

池田は上巻の「あとがき」でアイトマートフとの「邂逅《かいこう》」について、次のように書いている。

「旅人は、真情こもるメッセージを携えてはるか西方よりやってきた。彫りの深い、男性的な豪放さをたたえた面立ちに、類いまれな繊細さと、徹して道を求めゆく青年のような真摯《しんし》さと、民主と魂の自由への不屈の意志とを、柔らかに包みこんで、ペレストロイカの熱気あふれるモスクワの地から、はるばると、人知れぬ運命の糸に導かれるように、旅人は、この地へやってきた。いかなる因縁によるものか、その忘れ得ぬ出会いの日から、友情という私のグローバル・ネットワークは、また一つ、強固な結び目を作り上げたといってよい」

アイトマートフは間違いなくソ連という国が生んだ優れた文学者である。

音楽・演劇など芸術について

もちろん、文学に限らず、ソ連時代に音楽、美術、演劇、バレエ、オペラ、映画といった分野でも優れた作品が枚挙に暇《いとま》のないほど発表され、日本でも紹介されている。例えば、日本で「ボリショイ・バレエ」で知られるロシア・バレエの伝統や、チェーホフの「かもめ」で有名なモスクワ芸術座のロシア演劇は、ソ連時代にも確実に引き継がれ発展したと言って差し支えない。

面白いエピソードがある。一九一七年冬の革命騒ぎのさなか、ペテルブルクの劇場では有名なバス歌手シャリャーピン出演のオペラ「ボリス・ゴドノフ」が上演され、一般市民だけではなく、蜂起した兵士たちも交代でオペラを鑑賞するために劇場に出入りしていたという。

明治から大正にかけてロシアの地に足を踏み入れたジャーナリスト大庭柯公《おおばかこう》は名著『露国《ロシア》及び露人研究』の中で当時の様子を次のように記している。

「芝居好きの露西亜《ロシア》人は、革命の最中でも芝居だけは見ておる。食糧が欠乏して食うや食わずの騒動中でも、芝居だけは依然として興業を続けている。(中略)一方で皇帝を廃し国体を変更するほどの大革命を行いながら、他方では全然別世界かのように楽しげに芝居なんかを見ている。それは日本人の心理状態ではちょっと了解しかねるが、ここが露西亜人の含蓄のあるところである」(『露国及び露人研究』大庭柯公、中央公論社、'84・3刊)

一九六七年現在のソ連でオペラ劇場が三十二、オペレッタ劇場が二十四もあったという事実は、テレビがまだ普及していなかったという事情があるにせよ、驚くべきことであろう。また、「戦艦ポチョムキン」で有名なエイゼンシュテインの映画はソ連時代を象徴した。ソ連社会主義体制において文芸面で打ち立てられた幾多の輝かしい金字塔は、今、新しい世紀の中で忘れ去られようとしているが、永久に記憶されるべきであろう。

サーカスもソ連時代、貴重な民衆芸術として、大事に育まれた。日本でもなじみのある「ボリショイ・サーカス」という名称で、世界中で人気を集めた。サーカス団員は、すべて国家財政で賄《まかな》われたサーカス学校で養成された。首都モスクワにはサーカス常設館が二つあって、娯楽の乏しかった時代、市民の憩いの場となった。地方都市でもサーカス常設館が見られた。

国家の保護・支援と言えば、スポーツ選手も例外でなかった。国威発揚の道具とされた。いつのオリンピックでも、強力な大選手団を派遣し、米国と金メダルの数を争った。ソ連にはスポーツのプロ選手はいなかったが、才能とチャンスがあれば、余人に代えがたい大事なセミプロスポーツ選手として国家が養成したのである。

ソ連国民は、お祭り好きの国民だったように思う。五月一日のメーデー（勤労者の国際的連帯の日）と十一月七日の革命記念日は盛大に祝われた。三月八日の国際婦人デーには身近な女性に花を進呈する習わしだった。五月九日の独ソ戦戦勝記念日も祝日だった。二十世紀初頭の帝政ロシアの祝日は五十二日を数えたといわれる。

メーデーと革命記念日の年二回、モスクワの中心クレムリンの北東側の城壁に面した赤の広場で、まず盛大な軍事パレードが、続いて華やかな市民パレードが繰り広げられたものだ。中央にはレーニン廟《びょう》があって、その上に、党書記長を中心とした政治局、書記局のソ連指導者たちが並び立ち、行進者に手を振って挨拶した。城壁を背にして両脇にはスタンドがしつらえられ、外交官や報道関係者など招待客が立ってパレードを見物した。

ブレジネフ政権下のモスクワ特派員時代、筆者も特別の通行証を外務省から発給してもらった。

幾重もの検問があって、人込みの中をスタンドまでにたどり着くのにだいぶ苦労したものである。スタンドに着いても寒さで震えながらの見物だった経験もある。スタンドには温かいワイン売りが歩いていたように記憶している。

軍事パレードは圧巻だ。兵士たちの「ウラー」（万歳）の叫びがスタート直前のしじまを破る。まるでおもちゃの兵隊のように一糸乱れずに行進し、あるいは装甲車や戦車などに整然と乗って、轟音とともに、左から右に流れて行く。最新のミサイルなど新兵器が登場するのもこのときだ。

軍事パレードの数日前から郊外で必ず予行演習があった。そして前夜のうちにモスクワの中心部に移動する。西側のモスクワ駐在武官ら軍事関係者はこの一部始終を偵察し、お互いに情報交換して、新兵器を探り出す。もちろんパレード当日も彼らはスタンドで待ち構えている。われわれ特派員はパレード終了後、日本大使館の武官室に集まり、三軍の武官から丁寧なレクチャーを受け、それをもとに記事を書いた。

ゴルバチョフ時代になってから、米ソ軍縮ムードを反映してか、メーデーの軍事パレードがなくなり、革命記念日のパレードもかつてのような盛り上がりを見せなくなった。九〇年の独ソ戦戦勝四十五周年記念日（五月九日）の軍事パレードが最後ではなかったかと思う。

ソ連はまた、「タワーリシチ」の国であった。タワーリシチとは「同志」という意味で、国民の間で互いに呼び合うときに付けた呼称だ。社会主義国を象徴する言葉であった。今のロシアでは、軍隊内部ではまだ使われているようだが、死語になってしまった。何々さんと呼ぶときには、英語のミスター、ミセスにあたるグラジダニーン（男性）、グラジダンカ（女性）を使用する。

ソ連成立から約六十三年間、基本的にはスターリン主義的な政治経済体制、つまり、ソ連共産党一党独裁と中央集権的社会主義計画経済（指令型経済）を特徴としていた。ひたすら米国と張り合って、軍事超大国を目指した。国家社会主義とか兵営社会主義と呼ばれた。この体制を維持したのは「ゴルバチョフ以前のソ連」であった。

ひとくちにソ連と言っても、「ゴルバチョフ以前のソ連」と「ゴルバチョフ時代のソ連」とは根本的に異なる。両者は峻別《しゅんべつ》されねばならないことを強調しておきたい。

2. 冷戦とは——起源と出来事

二十世紀は「戦争の時代」であった。「世界大戦」と呼ばれる大規模な戦争としては、第一次世界大戦（一九一四年～一八年）と第二次世界大戦（一九三九年～四五年）を挙げることができる。どちらも欧州が主戦場だったが、第二次世界大戦の場合、欧州に限られず、アジア、アフリカにまで戦火が及んだ。

第二次世界大戦は一九四五年に終結した。枢軸国《すうじくこく》を形成していたナチス・ドイツ、ファシスト・イタリア、そして軍国日本が敗戦国となった。五月のベルリン陥落によりナチス・ドイツが崩壊。八月には日本が無条件降伏した。戦争終結と同時に、英国、フランスなどかつての欧州の覇権《はけん》国家は表舞台から降り始めた。

第二次世界大戦の終わりを待っていたかのように始まったのが、「冷戦」、冷たい戦争《コールド・ウォー》だ。枢軸国を相手に一緒に戦った連合国が東西に分かれて冷戦を戦うことになったのである。主役は覇権国家として新たに登場した米国とソ連であった。この二つの国が世界を二分して覇を争った。単に冷戦という場合もあるが、米ソ冷戦、あるいは東西冷戦と呼ぶのはそのためである。

ちなみに、冷戦という言葉は米国の著名なコラムニストであったウォルター・リップマンが使い始め、四七年ごろ一般的に広まったという説が有力だ。

米国に代表される西側資本主義陣営と、ソ連が率いた東側社会主義陣営との間の対立状態が冷戦の本質で、それは資本主義（自由民主主義）対社会主義（共産主義へのプロセス）というイデオロギーの戦争であった。米ソそれぞれの陣営が自分たちのイデオロギーの正当性を主張し、相手を押さえ込もうとしただけではなく、どちらの陣営にも属さない第三世界、例えば、アジア、アフリカ、中東、南米、中米などへの影響力拡大を競った。また、米ソ両国は軍事力拡大、核兵器の開発競争にしのぎを削り、冷戦を発展させた。

冷戦は世界に緊張した対決状態を生み出したが、米ソ間の「熱い戦争《ホット・ウォー》」に発展しなかったのは全人類にとって幸いであった。

本項では、冷戦の起源と冷戦期に起きた重大事件を振り返ってみたい。戦後のソ連を、またゴルバチョフの新思考外交を理解するためにも、冷戦についての基礎的な知識は欠かせないと考えるからである。

ヤルタ体制

戦争終結の直前の一九四五年二月初め、ソ連の黒海沿岸の保養地ヤルタに、三人の政治家が集まった。米国大統領のルーズベルト、英国首相チャーチル、それに地元のソ連首相スターリンだった。これら三巨頭によるヤルタ会談が二月四日から一週間行われた。

このヤルタ会談こそが、冷戦発祥の舞台であった。会談では、戦後、ヤルタ体制と呼ばれる欧州新秩序がデザインされた。ドイツと欧州の分割統治、米ソ両国が世界を分割支配する体制はやがて東西対立と米ソの覇権争いを深めた。

また、ルーズベルトはスターリンとのわずか三十分の密談で、ソ連の対日参戦を強く促し、その代償（南サハリンと千島列島）をソ連に約束した。現在もなお未解決の北方領土問題の起源は、このヤルタ会談での密約にある。北方領土問題の責任の一端は米国にもあることも強調しておきたい。

戦後世界でのリーダーシップを確保するために、米国の目的は、世界に、ソ連に、原子爆弾という「歴史や文明を変え得る兵器」（トルーマン元米大統領）を所有していることを見せつけることだった。しかし、米国だけが原爆や水爆を独占できたのではなかったことは、その後の核拡散の事実を見れば歴然としている。米ソ核均衡が熱い戦争を予防したという核抑止論は正しいのか。

核兵器をはじめとする大量破壊兵器《WMD》の開発は、戦争の本質を根本的に変えてしまった。戦争とは兵士（戦闘員）だけでなく非戦闘員をも殺傷する無差別大量殺戮《さつりく》である。

仏法の生命尊厳に立脚し、あらゆる戦争に反対の立場を貫いている池田大作創価学会名誉会長（＝創価学会インタナショナル《SGI》会長）は前記アイトマートフとの対談集『大いなる魂の詩』の中で次のように述べている。

「一九四五年八月の広島、長崎への原爆投下をもって幕をあけた核時代は、戦争というものの様相を大きく変えてしまいました。一瞬にして人類のメガデス（大量死）をもたらす核兵器は、たとえどちらかが相手を攻撃したとしても、報復攻撃を受けて双方とも壊滅状態に陥るため、一時は〝使えない兵器〟とさえ言われたこともありました。しかし、その後、小型化や命中精度の飛躍的な向上など、技術の発達により、最初に相手の報復能力を奪う攻撃さえできるようになり、核兵器は〝使える兵器〟へと変わり、〝先制攻撃症候群〟といった言葉さえささやかれるようになりました」

核兵器の問題はまた、ゴルバチョフが真剣に取り組んだソ連の初の最高指導者であった。「鉄のカーテン」という言葉はもはや、死語になってしまったかもしれない。しかし、冷戦初期の一九四六年三月、米ミズーリ州フルトンの大学で演説したチャーチルが発したこの言葉はまさに、冷戦の開幕を告げ、東西冷戦による欧州分断の現状を示したものだった。

ここでは、七〇年代前半くらいまでの冷戦期におけるいくつかの重大な出来事を紹介しておきたい。

(1) 西ベルリン封鎖と東西ドイツの誕生

第二次世界大戦の結果、ドイツは四つに分割統治された。米国、英国、フランスの占領する地区とソ連占領地区である。後にそれぞれ西ドイツ、東ドイツとなる。さらにドイツの首都ベルリンも四分割された。ベルリンはソ連占領地区に位置したため、ベルリンの西側占領地区（西ベルリン）は陸の孤島となった。

その西ベルリンを四八年六月二十四日、ソ連は突如、封鎖した。翌年九月七日にドイツ連邦共和国（西ドイツ）が、次いで十月七日、ドイツ民主共和国（東ドイツ）が発足、分断国家が確定した。

(2) NATO誕生とワルシャワ条約機構（WTO）結成

西ベルリン封鎖のさなかの一九四九年四月、西側十二カ国が北大西洋条約に調印、続いて、北大西洋条約機構（ＮＡＴＯ）が設立された。ＮＡＴＯはソ連軍による侵略に備えることを目的とした西側の安全保障同盟機構。

一方、東側の軍事・政治同盟ワルシャワ条約機構が結成されたのは、ＮＡＴＯ成立六年後の五五年四月であった。ＮＡＴＯに対抗して作られた政治的・軍事的集団安全機構。ＮＡＴＯとは異なり独自の軍は持たなかった。冷戦終結後の九一年七月一日解散した。

(3) 朝鮮戦争

戦後、ドイツは東西に分断されたが、朝鮮半島は南北に分けられた。日本降伏の三周年にあたる四八年八月十五日大韓民国（韓国）が、次いで同年九月九日に朝鮮民主主義人民共和国（北朝鮮）がそれぞれ建国を宣言した。

五〇年六月二十五日の未明、北朝鮮が砲撃を開始し、その直後、北朝鮮軍が北緯三十八度線を越えて南下、破竹の勢いで進軍し、三日後にソウルを占領した。これが朝鮮戦争の始まりであった。韓国では「韓国戦争」という。

国連安保理の決議に従って米軍を主体とする国連軍が創設され、米軍、韓国軍に加えて国連加盟の十五カ国の軍隊が投入された。北朝鮮の南進はスターリン、毛沢東の同意に基づいたものであった。最終的に百万の中国軍が北朝鮮支援のために参戦し、二十万の兵士を失った。半島全体を巻き込む惨事となった。五三年七月休戦協定が調印されて、ようやく収まった。朝鮮戦争の民間人犠牲者は約四百五十万人（全人口の一五％）。多くの離散家族を生んだ。半世紀以上たった今なお、朝鮮半島は分断されたまま対立が続き、南北の休戦状態にある。

(4) 宇宙開発と核開発

冷戦のさなか、五七年十月四日、ソ連は世界で初めて人工衛星「スプートニク1号」を打ち上げた。宇宙開発の先駆けだった。ソ連は同年八月二十六日、大陸間弾道弾《ICBM》の発射実験に成功したと発表していた。ＩＣＢＭの推進ロケットが衛星打ち上げに利用されたのである。ソ連は宇宙開発をリードした。

五九年九月に「ルナ2号」を月に命中させ、六一年四月十二日、空軍パイロットだった宇宙飛行士ユーリー・ガガーリン（二十七歳）を乗せた世界初の有人宇宙船「ボストーク1号」が打ち上げられた。一時間四十八分で地球を一周して帰還したガガーリンの「地球は青かった」という言葉は世界を駆けめぐった。ガガーリンはソ連の親善使節として世界中を回り、日本にも来た。六八年ジェット機飛行訓練中に三十四歳の若さで事故死した。ボストーク・シリーズ最後の「ボストーク6号」（六三年六月）には初の女性宇宙飛行士ワレンチナ・テレシコワが乗り込んだ。

宇宙開発競争でソ連に出し抜かれた米国は巻き返しを図り、六九年七月二十日「アポロ11号」の宇宙飛行士二人が、人類初の月面着陸に成功し、逆転勝利を飾った。その後、七〇年代から八〇年代にかけて、米ソは大型有人宇宙ステーションの打ち上げで、宇宙滞在記録を競うことになった。

冷戦の下、核兵器開発でも米ソは先を争った。米国に遅れること四年の四九年九月、ソ連は原爆実験に成功した。米国が五二年十一月最初の水素爆弾実験に成功すると、その九カ月後の五三年八月ソ連も水爆実験を行った。ソ連はＩＣＢＭ発射実験の成功を機に、ＩＣＢＭ中心の核戦略を採用し、五九年末には戦略ロケット軍を創設した。一方、米国は対ソ・ミサイルギャップを埋めるべく報復攻撃戦略に取り組み、弾道ミサイル搭載原子力潜水艦《SSBN》開発に傾注した。

この米ソ核兵器開発は、広島・長崎に続いて、米のビキニ環礁での核実験により、新たな「第五福竜丸」事件（五四年）をも引き起こしている。

池田の師匠である創価学会第二代会長の戸田城聖は、核開発競争を危惧して、五七年九月八日、横浜の三ツ沢競技場に青年男女を集め、有名な「原水爆禁止宣言」を行っており、以来創価学会の平和運動の原点ともなっている。

⑸ ベルリンの壁構築

六一年六月三日のケネディ・フルシチョフ初会談（ウィーン）はベルリン問題で火花が散った。フルシチョフは駐留米軍の撤退を強く要求。ケネディは西ベルリンを守るためには核戦争も辞さない構えを見せた。

八月十三日朝、ベルリン市民は奇妙な風景に驚いた。有刺《ゆうし》鉄線が張りめぐらされたのである。その後、鉄線は高さ四メートルのコンクリートの壁に代わった。西ベルリンを囲むように全長百五十五キロの壁が構築された。東側の監視塔も三百カ所建てられた。その壁を越えようとして東側警備隊員に射殺された人たちは六十人を超えたという。西側への逃亡に成功した市民は五千人余、国境で逮捕された市民は五千二百二十一人という数字が残っている。

八〇年代初め、西ベルリンを訪れた筆者は壁のそばに佇《たたず》んだが、まさか二十世紀中にこの壁がなくなるとは夢にも思わなかった。構築から二十八年後の八九年十一月九日、北京滞在中だった筆者は壁崩壊のニュースを知らされた。

⑹ キューバ危機

六二年十月下旬、キューバに建設中のソ連の中距離ミサイル基地の撤去をめぐって米ソ両国が対決し、核戦争の瀬戸際まで国際的な緊張を高めた十三日間の事件。

ケネディ大統領はキューバ不侵攻とトルコ配備の中距離核の撤去を約束、フルシチョフもミサイル撤去を約束し、米ソ核戦争の危機は回避された。

キューバ危機を教訓として、米ソ両国は六三年七月ホットライン（首脳直通電話）を設置したほか、米英ソ三国部分的核実験禁止条約を締結するなど紛争防止と緊張緩和で歩み寄った。

⑺ ベトナム戦争

欧州を主戦場にしていた冷戦が「熱い戦争」の形でアジアに及んだ例として朝鮮戦争を既に挙げたが、もうひとつ、ベトナム戦争も、冷戦の生んだ「熱い戦争」であった。しかもベトナムは、一時的にせよ南北に分断された。

ベトナム内戦に米国が本格的に軍事介入したのは六四年八月だった。ベトナムの泥沼に足を突っ込んだ米国は五十万人の兵力をつぎ込みながら六八年一月のテト（旧正月）攻勢で敗北。五年後の七三年米軍は撤退を余儀なくされた。七五年四月、北ベトナム軍はサイゴンを占領、七六年六月、北の主導で南北ベトナムは統一された。

3. ブレジネフの外交

二〇〇四年秋はフルシチョフ失脚、ブレジネフ政権誕生からちょうど四十年にあたる。一九六四年十月十四日のソ連共産党中央委員会総会で、党第一書記ニキータ・S・フルシチョフが突然解任された。無血の宮廷クーデターだった。

ソ連の指導者が政治の舞台から姿を消すのは、病死するか、失脚するかであるといわれたが、フルシチョフはまさにその後者の典型であった。

六四年政変の直後、ブレジネフ（第一書記＝六六年に書記長と改称）、コスイギン（首相）、ポドゴルヌイ（最高会議幹部会議長）による集団指導体制が確立するが、事実上、「ブレジネフ時代」が幕を開けた。ブレジネフ時代は、レオニード・ブレジネフが七十六歳で病死した八二年十一月まで、約十八年間もの長きにわたって続いた。

その外交を支えたのは「ミスター・ニエット（ノー）」とか「ソ連外交の生き字引」として有名で、いつも渋い顔をした白ロシア人、アンドレイ・グロムイコであった。

本項では、ブレジネフ時代の内政外交を詳述するのが本意ではない。そのブレジネフ外交にかかわるいくつかの特徴に絞って、キーワードごとに解説していきたい。第2章「冷戦の中の池田訪中、訪ソ」の時代背景を理解する一助となるであろう。日ソ関係については、項を改めて、検討する。

(1) 中ソ対立

中華人民共和国の誕生（四九年十月一日）は戦後のアジアで画期的な出来事であった。中国大陸に、地球の総人口の五分の一にあたる四億七千五百万人を擁する統一された社会主義国が出現したのである。一八四〇年のアヘン戦争以来、諸外国の侵略、干渉と支配に抵抗した民族主義の勝利であった。主席毛沢東は四九年末から三カ月間ソ連に滞在した後、五〇年二月十四日スターリンとの間で中ソ友好同盟相互援助条約の調印にこぎつけた。五〇年代前半、ソ連は兄貴、中国は弟分という中ソ蜜月時代だった。

フルシチョフ時代になってスターリン批判、米ソ平和共存政策が打ち出されると、中国はこれを修正主義と厳しく批判し、公然たるイデオロギー論争が始まった。両国関係は経済断絶や国際舞台での社会主義路線主導権争いに発展した。六六年五月から七七年八月までの十一年間、文化大革命により中国は大混乱に陥ったが、中ソは六〇年代後半、対立のピークを迎えた。

ブレジネフ時代、ついに国境での軍事紛争にまで発展した。六九年三月のウスリー川のダマンスキー島（珍宝島）での武力衝突事件だ。紛争地区は黒竜江、新疆《しんきょう》ウイグル自治区などにも広がり、六、七月だけで大小四百回も衝突が起きたといわれる。

中ソ関係が完全に正常化したのはゴルバチョフ時代になってからである。

(2)「プラハの春」とブレジネフ・ドクトリン

チェコスロバキア事件はブレジネフ外交の最大の汚点であった。六八年春「人間の顔をした社会主義」を目指したチェコスロバキアのドプチェク政権を、戦車で押し潰《つぶ》したのである。八月二十日ソ連などワルシャワ条約機構五カ国軍が首都プラハを目指して侵攻。ドプチェク党第一書記ら幹部は逮捕され、モスクワに連行された。結局、ソ連はチェコスロバキアに傀儡《かいらい》政権を打ち立てた。

軍事介入を正当化するためにブレジネフ政権が持ち出したのが「制限主権論」であった。別名ブレジネフ・ドクトリンと呼ばれる。共産圏全体の利益のために、それぞれの国の主権は制限されなければならないというものである。ソ連による東欧諸国支配の原則であった。

チェコスロバキア事件の十七年後、「人間の顔をした社会主義」をソ連自体が目指すことになり、ブレジネフ・ドクトリンを放棄した。そこで登場したのがゴルバチョフ時代の画期的な世紀の革命「ペレストロイカ」と新思考外交である。

(3) デタントとヘルシンキ宣言

七〇年代の半ば、「デタント」なる言葉がもてはやされた。フランス語で緊張緩和という意味である。

東西デタントは七二年五月のニクソン訪ソで始まった。防衛ミサイル《ABM》条約を含む第一次戦略兵器《SALTI》制限条約がモスクワで調印された。核戦略の均衡を認めたうえで米ソともに軍事力競争にブレーキを掛けようとするものだった。

七三年六月、ブレジネフが初訪米した際に締結された核戦争防止（核不戦）協定は、主要な国際紛争については米ソだけで緊急協議すると定め、以後、米ソ・デタント政策が一段と推し進められた。ニクソン退陣後のフォード政権（七四年八月～七七年一月）にも対ソ・デタント路線は引き継がれたのである。

デタント路線は七五年七月のヘルシンキでの全欧安保協力会議で実を結んだ。欧州および米国、カナダの合計三十五カ国首脳が一堂に会した戦後最大の国際会議で戦後のヤルタ体制が再確認された。

(4) アフガニスタン侵攻とモスクワ五輪

ヘルシンキ会議がデタントの頂点であった。しかし、デタントも束の間だった。ブレジネフ政権は隣国アフガニスタン内戦への軍事干渉を決め、ソ連軍をアフガニスタンに送り込んだからだ。七九年暮れも押し詰まった師走の二十七日のことだった。

アフガニスタンに接するソ連の南側は「柔らかい腹」と言われて、タジキスタンなどイスラム系共和国への急進的なイスラム勢力の浸透をブレジネフ政権は極度に恐れていた。

ソ連は最高時十三万七千人の兵力を派遣し約三十万のゲリラと戦った。アフガニスタンはソ連の「ベトナム」と化した。侵攻から撤退までの九年余、ソ連軍兵士一万五千人が犠牲となり、負傷者は三万六千人、つぎ込んだ戦費は七百億ドルに上った。百五十万人のアフガニスタン市民が殺された。

ソ連のアフガン侵攻に抗議した六十七カ国が、八〇年夏のモスクワ・オリンピックをボイコットした。日本も米国などにならってボイコットに踏み切った。出場すれば金メダル確実と言われた柔道の世界チャンピオン山下泰裕が悔し涙を流したことを昨日のことのように思い出す。

八四年のロサンゼルス五輪をソ連・東欧諸国などがボイコットし、米国に報復した。

4. 冷戦下の日ソ関係

二〇〇四年は日露戦争開戦百周年にあたる。一九〇四年二月九日、仁川、旅順での日本軍の奇襲攻撃で、戦争は始まり、翌〇五年九月五日にルーズベルト米大統領の調停によるポーツマス条約の調印で、終結した。東洋の小国日本が大国ロシアに勝ったことは世界を驚かせた。

日露戦争は満州と朝鮮をめぐり日本とロシアが激突した帝国主義戦争であった。日英同盟の助けを借りて、事実上、日本の勝利に終わった日露戦争は〇五年のロシア第一次革命（血の日曜日事件）の引き金となり、帝政ロシアの崩壊をもたらしたレーニンのロシア社会主義十月革命へと導かれた。

革命後のソ連と日本の間には、シベリア出兵（一八年八月～二二年十月）はじめ、張《ちょう》鼓《こ》峰《ほう》事件（三八年七月）、ノモンハン事件（三九年五月～八月）など数々の事件が起きた。それでも、日ソ基本条約（二五年一月二十日）の調印で、日ソは国交を開いた。そして、ナチス・ドイツ軍の奇襲によって大祖国戦争、つまり独ソ戦争が始まった四一年六月二十二日の二カ月前に、日ソ中立条約（四月十三日）が締結された。しかし、日ソの中立は守られなかった。

前述のように、四五年二月のヤルタ会談での米ソの対日密約が日ソ戦争を引き起こしたのだ。同年八月八日のソ連の対日宣戦布告の後、九日未明からソ連軍がなだれを打って対日戦争に突入した。満州、サハリン、千島での戦闘は、日本の降伏（八月十五日）以降の八月十八日まで続いた。

北方四島は八月二十八日から九月五日までの間に占領された。対日戦争の最高指揮官スターリンは、日本は日露戦争でのロシアの敗北に乗じ千島列島に根を下ろしたのであり、それを取り返したのだと述べて、北方領土占領を正当化した。

日ソ戦争の結果、ソ連軍の一方的北方四島（歯舞《はぼまい》群島、色丹《しこたん》、択捉《えとろふ》、国後《くなしり》）占領、六十万日本軍人捕虜（うち約一割は現地で死亡）のシベリア抑留、ソ連軍に追われた満州奥地開拓民の悲劇などを生んだ。ソ連は四六年二月に四島を一方的に自国領に編入し、四九年までに約一万七千人の日本人島民を四島から強制退去させた。北方領土返還問題は未解決のまま二十一世紀にまで持ち越されている。

二十世紀の日ソ関係を振り返ると、不幸な出来事の連続であったと言うことができよう。

(1) 日ソ共同宣言と領土問題

ソ連は対日講和条約（サンフランシスコ条約＝五一年九月）に調印しなかったため日本との国交が遅れた。スターリンの死去（五三年三月）後、日ソ国交回復交渉は鳩山（一郎）内閣により五五年六月にロンドンで開始され、交渉が進んだが、北方領土返還問題の扱いで難航した。米国からの日本側への圧力があったといわれる。

歯舞、色丹の二島返還で妥協しようとした日本側に対して、時のダレス国務長官は「二島返還で日本が譲歩すれば、沖縄返還は永久にあり得ない」と強く反対した。さらに、ソ連側が返還拒否した択捉、国後については、日本の領土であるが、領土問題の処理は必ず国際会議で決めるべきだとの米政府覚書を日本政府に送り付けた。結局、日本は平和条約の形での国交回復をあきらめ、暫定協定での国交樹立に踏み切らざるを得なかった。

既に米ソ冷戦たけなわであり、日本が「仮想敵国」ソ連に譲歩して平和条約締結まで進むことを米国は嫌ったようだ。「北方領土は反ソ感情の原点であり、早期返還は好ましくない。もし、早期返還となれば、日本は対ソ外交で一人歩きし、好ましくない」というのが米国の立場であった。北方領土問題は、日本だけで解決できる問題ではなく、米ソ冷戦における米国の対ソ・カードに使われたのである。

五六年十月十九日、訪ソした鳩山一郎首相とブルガーニン首相との間で日ソ共同宣言（前文、十カ条）がクレムリンで調印され、終戦十二年目にしてようやく（対ソ）戦争状態終結と日ソ国交回復が実現した。しかし、北方領土問題は棚上げされた。

共同宣言の第九項には、①平和条約交渉を継続すること、②平和条約が調印された後、ソ連は歯舞、色丹両島を日本に引き渡すことが明記された。ソ連側は北方領土全体の面積で九三％を占める国後、択捉の二島を返還するつもりが全くなかったことが、後日公開されたソ連側議事録で明らかになっている。

また、①の「平和条約交渉」の前に原案では「領土問題を含む」という表現があったが、ソ連側の強い要求でこの一節を削除することを日本側も同意したという。しかし、日本の交渉団は①戦争終結宣言、②国連加盟承認、③大使館設置、④抑留者即時送還、⑤漁業条約発効という五つの交渉目的は達成できた。

日ソ国交回復により、同年十二月十八日に日本は八十番目の国連加盟国として承認され、国際社会の一員に加わった。千二十五人の抑留邦人が同年十二月に帰国を果たした。

日ソ共同宣言調印後、五七年十二月には日ソ通商条約と貿易支払い協定が締結された（五八年五月発効、五年ごとに自動延長）。これによって在日ソ連通商代表部の設置、ソ連における日本国民の経済活動、財産の保障、最恵国待遇の相互供与が実現し、両国の経済・貿易関係は徐々に進展した。

(2) 田中訪ソと日ソ交渉

今、ソ連の領土の一部になっている歯舞、色丹、択捉、国後の四島の領有権をめぐって日ソ（露）間は対立してきた。これが北方領土問題で、日ソ（露）関係の喉元《のどもと》に刺さった小骨となっている。

五一年九月のサンフランシスコ条約の起草者ダレス米国務長官は「日本は千島列島と南樺太の

領有権を放棄するが、非譲渡国は指名しない」という措置をとったうえ、千島列島の範囲を明確にしなかった。条約調印の時点では、結局あいまいにしたままだった。

そして、日ソ共同宣言で領土問題が棚上げされたが、日ソ平和条約締結のあかつきには、少なくとも歯舞と色丹は日本に返還されることが明記された。ところが、六〇年代に入って、事態は急変する。

六〇年一月十九日の新日米安保条約（五一年安保条約の改定条約）調印と、同年六月二十三日の新条約発効の流れの中で、ソ連政府は情勢の変化を理由に二島返還の条件として、平和条約の締結に加え、「日本領土からの全外国軍隊（米軍）の撤退を必要とする」との新たな条件を持ち出してきた。一月二十七日、この趣旨を「ソ連政府の覚書」の形式でグロムイコ外相が日本側に通告、同年六月二十九日にはソ連政府が日米新安保条約を非難し、日ソ関係発展のために新条約を破棄すべきであるとの声明を発表した。

ソ連側の条件変更は、日本領土の米軍使用を認めている新日米安保条約は「日本領土を米国の空母」と化するもので、歯舞、色丹を日本に返還すると、そこに米軍基地が建設される可能性があり、それはソ連の安全保障を脅かすというのが、理由であった。とにかく、ソ連側は事実上、返還の約束を白紙に戻してしまったのである。これ以来、ソ連は「領土問題は解決済み」「戦後の未解決の問題は存在しない」「日本側の領土要求は非合法で根拠がない」と主張し続けた。

七三年十月、田中角栄は鳩山一郎に次ぐ二人目の首相として訪ソした。その際、ブレジネフに

（田中訪ソに伴う日ソ共同声明の中の）『第二次大戦の時からの未解決の諸問題』に、領土問題が含まれるか」と尋ねたところ、ブレジネフは「ダー（イエス）」と答えたといわれたが、ソ連側は否定した。ブレジネフは七七年六月七日の「朝日新聞」への回答の中で、「平和条約には通常、国境線の問題を含め広範囲にわたる問題が含まれることは、わかりきったことである。このことは、ソ日平和条約でも、例外ではない。両国関係に何か『未解決の諸問題』があるという解釈は一方的で不正確である」と述べている。

問題の田中・ブレジネフ問答は、口頭による受け答えである。しかも、筆者がかつて聞いたところでは、アルコールの入ったパーティの席上だったというが、それがいつの間にか、会談中にこのやりとりがあったように日本側の説明は変わっている。正式な会談での応酬であれば、記録文書が残っているはずだが、公式の記録はない。外交はきちんと文書で確認されねば、意味はない。

八年近くも駐日大使を務めたアレクサンドル・パノフは田中訪ソの「失敗」した原因について次のように書いている。（『不信から信頼へ』アレクサンドル・パノフ、高橋実・佐藤利郎訳、サイマル出版会、'92・８刊）

「田中は、歯舞、色丹を日本に引き渡す用意があるとの確認をソ連側から得る計画を、部分的ではあれ、成功させようとしていたことは否定できない。ソ連側には、そのような確認をする用意があった。では、モスクワ会談が失敗に終わったのはなぜだろうか。一説によれば、会談の直前に、ソ連国防相A・グレチコが態度を変え、二島の戦略的重要性の見地から、日本への引き渡しに反対したという」

「しかし、もう一つの説の方が信憑性《しんぴょうせい》がある。モスクワ会談に直接参加した人の話によれば、ブレジネフは、田中が日本の立場を述べる様子に非常に立腹した。(中略)会談が外交にふさわしくないやり方で始まったため、ブレジネフは、ソ連が五六年の共同宣言の立場に戻る可能性について一切論じないことに決めた」

ところで、筆者は六八年秋にモスクワに赴任し、日ソ関係を取材した経験を持つが、不思議なことに、七二年の帰国までの間、領土問題交渉を取材した記憶がない。

年中行事の日ソ・サケマス交渉は地元北海道だけではなく、全国的な関心を引いた。交渉団の宿舎に夜討ち朝駆けの取材をした思い出がある。なにせ、妥結の数字が新聞の一面トップを飾るので、特派員の重要な仕事の一つだった。

ちなみに、サンフランシスコ条約締結後、日本は北洋サケマス漁業を開始したが、ソ連が一方的に規制水域(ブルガーニン・ライン)を設けたため、日ソ間漁業交渉が始まり、五六年五月日ソ漁業協定が調印された。いつも難航した。この日ソ・サケマス交渉の記憶は強烈だが、日ソ間の領土交渉が東京であるいはモスクワで行われた事実は思い出せないのである。

六八年十月二十八日に当時の中曽根康弘運輸相が訪ソして、コスイギン首相と会談したが、コスイギンは「北方領土問題と沖縄問題とは何ら関係ない。ソ日間に領土問題は存在しない」との立場を繰り返した。また、愛知揆一外相が六九年九月に訪ソした際に、コスイギンと会談、席上、コスイギンは北方領土の現状固定を主張し、日本漁民の北方水域での安全操業についての検討は約束した。領土問題で日ソ双方の主張の対立が際立った。日本側としては取り付く島がなかった時期でもあった。

試みに、日ソ領土交渉の略史をひもといてみても、六〇年安保改定から田中訪ソまでの約十三年間、驚くべきことに、公式の「交渉」はほとんど空白なのだ。

ただ、非公式には領土返還問題を日本側が打診した記録がある。七〇年二月モスクワで第四回日ソ経済合同会議が開かれたが、日本側団長永野重雄（富士製鉄社長）がクレムリンでコスイギンと会った際に、シベリア開発の話が一段落したところで、北方領土問題に触れその早期解決を促した。コスイギンは従来の主張を繰り返したにとどまったという。

日露通好（和親）条約が一八五五年二月七日下田で調印されたことにちなみ、日本政府は八一年、二月七日を「北方領土の日」と制定し、今日に至っている。

(3) ミグ25事件

ソ連から最新鋭ミグ25ジェット戦闘機が日本に飛来したとなるとこれは一大事件である。七六年九月六日の午後、函館空港に轟音が鳴り響き、赤星マークを胴体に記したソ連防空軍の軍用機が一機、強行着陸し、滑走路を二百五十メートルもオーバーランして止まった。残量燃料はわずか三十秒分で、間一髪、墜落を免れた。パイロットはソ連空軍ベテラン、ビクトル・ベレンコ中尉（二十九歳）。ソ連ではエリートの共産党員でもあった。

しかし、米国亡命を希望しての計画的な訓練飛行からの離脱であることが分かり、ベレンコは米国亡命を認められ、米空軍顧問となり、八一年には米市民権を得た。小型航空機のセールスの仕事をしていると伝えられる。いずれにせよ、この事件で対ソ警戒が一段と煽られた。

(4) 大韓航空《KAL》機事件

アンドロポフ政権時代の八三年九月一日未明、大韓航空《KAL》機００７便がサハリン沖モネロン島付近上空でソ連のスホイ15戦闘機によって撃墜されるという痛ましい事件が起きた。ニューヨークを発ちアラスカのアンカレッジからソウルに向かう途中のボーイング７４７型ジャンボ・ジェット機で、日本人二十八人を含む乗員・乗客二百六十九人が搭乗しており、全員が死亡した。

通常はアンカレッジからアリューシャン列島を縦断し、青森県上空からソウルに向かうところだが、問題のＫＡＬ機はアリューシャン列島を過ぎた後突然北に進み、二時間半以上も、サハリンを横断する異常コースをとった。ソ連当局は領空侵犯と判断し、空軍機を緊急発進させ、二発のミサイルを発射、ジャンボ機は空中で大爆発を起こして海上に墜落した。ソ連側は、ＫＡＬ機に何回も警告し、強制着陸させようとしたが、警告を一切無視したためやむなく撃墜したと説明した。

米国防総省の依頼でスホイ戦闘機と地上との交信を解読したベレンコは次のように分析した。

「領空を侵犯すれば、民間機であろうと軍用機であろうと撃墜するのがソ連方式だ。ソ連の迎撃機は、最初から目標を撃墜する目的で発進している」

九月二日、国営タス通信は「権限を与えられたタス通信は、ソ連指導部内で、人命が失われたことに対して遺憾の意が表明されたことを公表する」と発表。同六日には「罪のない人びとの死に弔意を表し、その遺族、友人と悲しみを分かち合うものである」とのソ連政府声明が出された。

ＫＡＬ機事件は七八年にも発生していた。パリ発ソウル行きのＫＡＬ機がソ連領空内を六百キロ（二時間半）も侵犯して逃げ回り、ムルマンスク近くで強制着陸させられた事件だった。

(5) ソ連脅威論

「もし自由世界が一九八三年夏、直面する相手が悪の帝国だという新しい証拠を必要としていたとすれば、ソ連軍用機が冷血にも大韓航空機を撃墜したときに得られたと言ってよい」――これは、ソ連を「悪の帝国」呼ばわりして有名なレーガン米大統領の言葉である。

ＫＡＬ機撃墜事件は、七九年末のアフガニスタン侵攻の後急速に高まった、ソ連脅威論を一層煽り立てた。八〇年代前半はソ連脅威論花盛りであったと言ってよい。日本でもソ連の日本侵攻を想定した「北方脅威論」がかまびすしかった。

戦後の五〇年代から六〇年代初めにかけて、ソ連・ロシア文化がもてはやされた時期があった。

人びとは十九世紀のロシア文学を読みあさり、ロシア演劇やロシアのクラシック音楽が好まれ、「石の花」「シベリア物語」といったソ連映画が日本全国で上映されて人気を集めた。歌声喫茶などでロシア民謡が歌われたものだ。それもフルシチョフ政権までで、六四年ブレジネフ政権になって以来、ソ連に対するイメージは悪化の一途をたどり、八五年三月ゴルバチョフ政権が誕生するまでは、よくなったためしはない。

本家ではとうの昔に時代に置き去られた「ソ連の世界革命戦略論」や「ロシア膨張主義論」が、どういうわけか、日本を含む西側でいつまでも根付いていた。

外国人に対する疑い深さ（外国人と見ればスパイと思え）、強迫観念、被包囲意識などソ連（ないしソ連人）の対外行動には、地理的（侵略を受けやすい開放的なロシアの大平原）、歴史的な理由があったと解すべきであろう。ソ連はむしろ西側に対して脅威を感じているのであり、ソ連の方こそが強い被害者意識を持っていると筆者は理解した。これは間違いだっただろうか。

ソ連の中で生活した筆者は、ソ連の経済力の弱さ、民生の技術の低さ、消費物資の質と量の貧しさを日常的に目にしていたこともあって、ソ連（ソ連人）が虚勢を張れば張るほど、同情を禁じ得なかったものである。

概して反ソ感情が強かった日本国民とは対照的に、一般のソ連人（ロシア人だけではない）はかなり親日的だったことも付言しておきたい。

第2章　冷戦の中の池田訪中、訪ソ

1. 日中関係正常化

冷戦の中で、日本には、台湾の国府政府との間で日華平和条約（五二年四月）を結んでいたこともあって、どちらかと言えば、反中国の空気が強かった。台湾政府を支援し反共思想に支配されていた米国の同盟国である日本は、独自で対中関係を打破することはできなかった。米国が動かねば、日本は動けなかった。日中関係は米中関係次第だったのである。

ところが、ひょんなことから米中関係が劇的に動き出した。七一年四月、日本での世界卓球選手権の際、朝寝坊した米国選手を中国選手団のバスが拾って試合会場まで同行したことが交流のきっかけだったという。日本で中国選手団から招待を受けた米国選手団はそのまま中国に向かい、北京で親善試合を行った。対米関係改善に消極的な毛沢東を説得して、中国選手団に招待の指示を与えたのは周恩来だったといわれる。

この米中ピンポン外交をきっかけにして、中華一辺倒の米国の姿勢が急変した。米中関係は米大統領補佐官キッシンジャー隠密《おんみつ》訪中（七一年七月、毛沢東、周恩来など中国指導部と会談した）をへて、ニクソンの米大統領としての初訪中（七二年二月）による米中平和五原則の発表と一気に進展した。これが「ニクソン・ショック」である。

この間、七一年十月の国連総会で中国の加盟と台湾の追放というアルバニア案が圧倒的な多数で可決された。米中両国は七九年一月に国交正常化を実現。中国との正式な外交関係樹立にともない米国は台湾の中華民国政府と断交することになる。中国は同年四月、中ソ友好同盟相互援助条約（五〇年二月締結）の破棄を通告、翌年に失効した。

ニクソン米政権が中国との関係改善の機会をうかがっていたのは、ベトナムの泥沼から脱出するためであったといわれているが、理由はともあれ、米国の対中接近はアジア諸国に大きな衝撃を与えた。とりわけ、日本は盟友と信じていた米国の「頭越し外交」に狼狽《ろうばい》した。七二年四月に首相に選ばれた田中角栄は九月に訪中する。周恩来と田中は「小異を捨てて大同につく」という決断で、日中共同声明の発表にこぎつけ、国交回復を果たした。

会談中、周恩来は一枚の紙を田中に渡した。それには「言必信、行必果」（言必ず信あり、行い必ず果たす）という論語の一説が書かれてあった。「約束したことは必ず守ってください。やりかけた仕事は必ずやり遂げてください」という意味だと解説されている。「日本には、過去を水に流すということわざがありますが、われわれ中国人は、戦時中に日本が行ったことを決して忘れません。けれども、この過去をしっかりと見据えたうえで、これからずっとお付き合いしていきましょう」――これは周恩来の言葉である。

ところで、日中国交回復前の両国が対立関係にあった時期に、日中両国をつなぎとめていたのは、民間交流であった。国交正常化を視野に入れながら、国内の非難を覚悟で訪中した先見性のある政治家が、野党だけでなく、与党自民党の中にもいた。

戦後、日本の政治家が初めて中国を訪れたのは五九年九月で、石橋湛山、宇都宮徳馬、加藤常太郎の三人だった。彼らはそれぞれ周恩来と二回会談している。

次いで十月には松村謙三が、井出一太郎、田川誠一らとともに訪中した。松村は六二年九月、七〇年三月にも中国に足を運んだ。松村と周恩来の親交は今なお語り種《ぐさ》になっている。

日中の井戸掘り人

池田大作は政治家ではないが、「日中関係打開の重要な『井戸掘り人』」(廖承志・元中日友好協会会長の言葉)の有力民間人の一人である。

池田は六八年九月、日本大学講堂での創価学会第十一回学生部総会で講演し、要旨次のような九点を提唱した(『周恩来と池田大作』南開大学周恩来研究センター、周恩来・鄧頴超研究会訳、朝日ソノラマ、'02・1刊)。

①中国問題は世界平和実現のカギであること。
②北京政府を国際的な議論の場所に参加させること。
③毛沢東主義は本質的には民族主義に近いこと。
④直ちに日中首脳会談を実現すること。
⑤地球民族主義という理念の実現のために努力すること。

⑥何としても北京政府を国連に復帰させること。
⑦日中貿易の構想を拡大すること。
⑧「吉田書簡」（注・日中貿易に政府資金を使った長期延べ払いの利用をしないことを約束した蔣介石秘書・張群《ちょうぐん》にあてた吉田茂元首相の私信）を破棄すること。
⑨アジアの繁栄と世界平和のために努力すること。

この池田の「中国提案」がその後の公明党の新しい対中政策になり、七一年七月の公明党訪中団と中国側が発表した五つの共同声明の基礎となった（前掲書）。

さて、六八年秋と言えば、アジアでは同年一月の北ベトナム側のテト（旧正月）攻勢でベトナムの戦火は激しさを増し、中ソ両国は厳しい対立状態を引きずっていた。日本では米国追随の対中敵視政策をとっていた佐藤内閣の下で、中国に対する警戒心が極めて強かった。中国脅威論が勢いを増していた。

当時の外務省の公文書を見ると、中華人民共和国の国名の略語に、「中国」ではなく「中共」という言葉を使っている。日本の保守的な新聞も「中共」と呼んでいた。そのころ、欧州ではソ連軍などワルシャワ条約機構軍によるチェコスロバキア軍事侵攻の直後で、国際的に社会主義圏の動きが注目を集めた。

こうした情勢が背景にあっただけに、池田「中国提案」は、中国側の注目を引いた。

文化大革命（六六年〜七八年）という異常な厳しい状況の中で、日中関係正常化に果たした周恩来の役割は極めて大きい。

その周恩来と創価学会会長池田は二回目の訪中で会見した。七四年十二月五日のことだ。周恩来は約一年後の七六年一月死去したが、この時、既にガンに侵されていた。七十六歳の周恩来は病院で池田一行を迎え、約三十分間親しく言葉を交わした。池田は四十六歳だった。

晩年の周恩来との面談を果たした池田は、そのとき感動した印象を数多く詳しく書き残しているが、その中から次の一節を紹介したい。

「総理(周恩来)の話は多岐にわたったが、一貫していたのは二十一世紀をどうするかという熱き心であった。あのとき、総理の思いはただ『自分なきあと』の一点に向けられていた。(中略)残された四半世紀で、アジアと世界の平和へ確固たるレールを敷きたい、そして二十一世紀の中日の友好を断じて成し遂げてほしい——私はすべてを『遺言』と受けとめた」(「聖教新聞」「随筆・世界の指導者と語る」第2部'97・11・1)

周恩来との会見の三カ月前にソ連を初めて訪問し、コスイギン首相と会談した池田は「中ソ対立の激しい時代であったが、コスイギン首相は、胸中では周総理のことを傑物と認めておられた。周総理がいるかぎり、中国は何があろうと乗り越えていくであろうと見ておられた」(同随筆)との印象を持ち帰っている。

コスイギンと周恩来は、六九年春から夏にかけての一連の中ソ国境武力衝突事件の後、それ以上の中ソ関係の悪化をくいとめねばならないという考えで一致していたようだ。六九年九月、コスイギンはホー・チ・ミン（北ベトナム大統領）国葬参加の後、空路北京に飛び、北京空港で周恩来と中ソ国境問題について直接話し合った。

四年半ぶりの中ソ首脳会談であった。今はほとんど忘れられているが、この会談こそは、その後の中ソ関係の危機的な状況を回避した歴史的な会談である。周恩来もそうしたコスイギンの行動力を高く評価していたに違いない。

2. 池田初訪ソ

米ソ冷戦の中にあって、七〇年代の前半の国際政治における主役は、既に見たように、中国であった。中ソ対立が続く一方で、中国は米国との関係正常化に踏み切った。「ニクソン・ショック」に目を覚まされたように、日本はにわかに対中関係改善に積極的になった。米国、日本との新しい関係を切り開く中国を横目で見ながら、ブレジネフ政権のソ連も西側との関係改善に乗り出す。ニクソン政権（六九年一月〜七四年八月）およびフォード政権（〜七七年一月）の下の米ソ関係は「デタント」に象徴されるように、順調であった。日ソ関係は、閣僚の往来や七三年の田中訪ソで明るい兆しを見せたものの、六四年十一月から八年間続いた佐藤政権の下で親米反ソ反共の空気が国内では強かった。

もちろん、六八年夏のチェコ事件はソ連のイメージを著しく悪くし、六九年春の中ソ国境武力衝突もソ連の軍事力への警戒心を煽りたてた。日ソ漁業交渉でのソ連側の厳しい姿勢もまた、ソ連のマイナス・イメージを高めた。一方、ソ連軍の軍備増強の情報が、誇張とともに喧伝され、ソ連脅威論を増幅した。

七二年九月の日中共同声明とそれに続く日中平和条約交渉は、ソ連を大いにいらだたせた。同年十月訪ソした大平外相はコスイギン、グロムイコに対して、日中国交正常化について「第三国に対するものではない」と説明したが、ソ連側の納得は得られなかった。ソ連政府は七五年六月十七日、日中関係に関する声明で「日中平和条約に対ソ覇権条項を盛り込もうとしている」と中国を非難した。

日中平和友好条約の調印が近づいていた七八年一月に訪ソした園田直外相に、グロムイコは日ソ善隣協力条約のソ連政府草案なるものを提示した。ソ連側の焦りを示したものだったが、日本側は平和条約締結が先決であると善隣条約提案を拒否した。

結局、七八年八月十二日調印の日中平和友好条約の第二条に覇権条項が盛り込まれた。これに対して同年八月二十三日にソ連政府は口頭通告で、覇権条項の反ソ的な性格を指摘し、厳しく批判した。七八年から七九年にかけて、ソ連は択捉、国後、色丹の北方三島に地上部隊約一個師団(一万人弱)を再配備し、北方領土の軍事基地を強化する動きに出た。日ソ関係は新しい日中両国関係をめぐってぎくしゃくする結果となった。

田中・ブレジネフ会談で日ソ共同声明が発表された七三年秋に続いて、田中は七四年四月にも訪ソし、コスイギンと会談している。田中内閣の外交政策の優先課題が日中関係から日ソ関係に変わった。

しかし、既に述べたいくつかの理由から、日本国民の対ソ感情は、同じ社会主義の国である中国への感情よりもはるかに悪かったのではないかと思われる。どの世論調査でも、ソ連は「一番嫌いな国」に挙げられていた。

第一次訪ソ――一九七四年

そうした中で、創価学会会長池田大作の第一次訪ソが実現した。七四年九月のことであった。

二〇〇四年九月は池田訪ソ三十周年に当たる。この記念すべき訪ソの四カ月前の五月、池田は第一回の中国訪問を果たしている。初訪ソの三カ月後の第二回の訪中で、周恩来と会談したことは既に触れた。

恐らく池田も、中国の次の訪問国としてソ連を考えていたに違いない。モスクワ大学からの招待という形であった。池田の招聘についてソ連共産党中央委員会、ソ連外務省で検討されたが、意見が分かれ、結局モスクワ大学の招聘となった（トローピン著『出逢いの二十年』）。

モスクワ大学からのソ連招請状はオレク・トロヤノフスキー駐日ソ連大使から八月十日、池田に手渡された。これも当時のソ連大使の仕事だった。

三十年前のソ連訪問を振り返り、池田は〇四年一月、次のように語った（「聖教新聞」'04・1・14）。

「思えば三十年前、私は貴国（サハ共和国）をはじめ、シベリア上空を飛んで、ロシアの大地に第一歩をしるした。当時、内外から、いわれのない誹謗中傷《ひぼうちゅうしょう》をさんざん浴びせられた。『なぜ、ソ連へ行くのか』『宗教者が、何のために宗教否定の国へ行くのか』『共産主義を認めるのか』等等――。私はきっぱりと答えた。『ソ連にも人間がいるからです』『人間に会いに、私は行くのです』『共産主義の人も、平和を願う人間じゃないですか』と。モスクワに到着した、その折、私は、次のように申し上げた（招聘先のモスクワ大学の歓迎宴で）。『シベリアの美しい冬に、人びとの窓からもれる部屋の明かりに、心の温かさを覚えるように、私どももまた、社会体制は違うとは言え、人びとの心の灯を大切にして参ることをお約束します』」

著書『私のソビエト紀行』のはしがきで池田は、「それまでもロシア文学や民謡をとおして、その地へいささかなりとも認識がなかったわけではない」が、「近くて遠い国」という感じであったと率直に書いた。怖い国の「イメージ」から「素顔」のソ連を日本に紹介した本として注目を集めた。当時の平均的な日本人の対ソ感情を代弁するように、池田はさらに次のように記している。

「ソ連ほど近くて遠い国はおそらくあるまい。ロシア文学を愛好し、小さいころからロシア民謡を口ずさむ日本人だが、ロシアへの郷愁に似たものがあっても、現実のソ連はあまり知られていない。かつて、中国がそう言われた時期があったが、何といっても中国とは、長い交流の歴史がある。同じ東洋人ということから、ある種の親しみもある。しかし、ソ連となると、日本海をはさんで接していながら、中国以上に知られていない。そのためか、ソ連に対して〝冷たい〟〝恐ろしい〟といった感情をもっている人も少なくないようだ」

「私はかねがね、こうした現状は日本にとっても、ソ連にとっても不幸なことだと思っていた。

ソ連が〝恐ろしい〟のではなく、知らないということが恐ろしいのである。理解の不足は、誤解を生みやすいのが常である」

「私はソ連びいきでもなければ、中国びいきでもない。どこの国であれ、そこには人間がいる。民衆の息吹《いぶき》がある。主義主張、体制を超えて対等に、平等に人間の交流を図るべきである。『国家』の関係といっても、最終的には『人間』の関係に帰趨《きすう》するからである。以上のことをソ連の指導層の方々に率直に言った」

この池田の言葉を書き写していて、かつてジャーナリストとして彼の地に長年勤務した筆者は反省させられた。ジャーナリストの役割は極めて重要である。一つの国のイメージを作り上げることになるからだ。ジャーナリストも人間で、感情の動物だから間違いを犯す。しかし、間違いを少なくするために、できるだけ客観的で冷静な目が絶えず必要とされる。評論家ではないのだから、ジャーナリストには是々非々という姿勢がなければならない。

ソ連時代、モスクワ駐在の西側の記者たちはソ連体制の欠陥批判やロシア人の粗探《あら》しにやっきになっていたのではなかったか。自国の欠点を棚に上げて、「目くそ鼻くそを笑う」たぐいの、公平さに欠けていたのではなかったか。当時は、「偏向した記事が要求され、歓迎される」、そういう時代だったのではなかったか。こうした疑問を完全に払拭《ふっしょく》できないように思われる。

逆に、西側に滞在していたソ連人記者も、同じような「過ち」を犯していたのではなかったか。自国の宣伝機関の先兵として「戦っていた」面は否定できない。ある程度やむを得なかったことかもしれないが、冷戦というイデオロギー戦争に、東西のジャーナリストも巻き込まれていた、いや冷戦の先兵の役割を果たしていたのかもしれない。

コスイギン首相と初会見

ところで、初訪ソした池田は十日間のソ連滞在の最後の日に、コスイギン首相と一時間半ほど会見した。池田は次のように回想する。

「私は率直に核問題についても自分の信念を吐露した。首相は、ソ連には核兵器を使用する意思のないこと、段階を経て全面廃棄を目指す方向を真剣に考えていることを明言した。中国の孤立も考えないという。私は責任ある人の言は、そのまま受け取ることにしている。私が政治家ではなく、民間人だからこそ、胸の内を明かしてくれたのであろうか。

私は、中国でも、核兵器全廃への強い決意と意志を確認した。おそらく、人類全体が、その願望を抱いているにちがいない。あとはその懸け橋はいったい何なのかとふたたび自問してみた。それは、やはり、以前からの私の信念であるが、全世界の最高指導者が一堂に会して、粘り強い会議を続行する以外にない。同時に、人間と人間との深い理解のための、広範な民間交流が重要な鍵である」(「東京新聞」'74・9・25)

コスイギンから「中国の孤立化は考えない」との言葉を引き出した対話は次のようなものであったという。

1974年　第一次訪ソ

9月17日、池田・コスイギン首相の初会見。「中国はソ連の出方を気にしています」「ソ連は中国を攻撃するつもりも、孤立化させるつもりもありません」「それを中国の首脳に、そのまま伝えてよろしいですか」「結構です」といった応酬があった

9月13日、第二次世界大戦の犠牲者、50万人が眠るレニングラード郊外のピスカリョフ墓地に献花

9月16日、ノーベル文学賞受賞者・ショーロホフ氏と、氏のアパートで会見

池田「中国はソ連の出方を気にしています」
コスイギン「ソ連は中国を攻撃するつもりも、孤立化させるつもりもありません」
池田「それを中国の首脳に、そのまま伝えてよろしいですか」
コスイギン「結構です」
池田は三カ月後の十二月に中国を再訪し、周恩来や鄧小平（副首相）ら中国側要人にコスイギンの言葉を伝えた。当時、先鋭化を極めていた中ソ対立の解消へ、民間人として働きかけを行ったことは、注目しなければならない。
池田はゴルバチョフとの対談集『二十世紀の精神の教訓・上』（ミハイル・S・ゴルバチョフ、池田大作、潮出版社、'96・7刊）でもコスイギンとの会見について印象を語った。
「私はコスイギン首相とは、二度お会いしましたが、いわゆる典型的な党官僚とは一味違った、落ち着いたなかにも気さくなお人柄で、大変親しみやすい人という印象を懐かしく思い起こします」
滞ソ中に池田はコスイギンのほか多くの有名無名のソ連の人びとと出会った。モスクワ大学総長ホフロフ、同大学副総長トローピン、高等中等専門教育相エリューチン、文化省クハルスキー第一次官、ソ連最高会議民族会議議長ルーベン、作家ショーロホフ、ソ連科学アカデミー副総裁ビノグラドフ、ソ連科学アカデミー準会員M・P・キム、モスクワ第一副市長イサエフ、ソ連対文連（対外文化交流団体連合会）議長ポポワ、ほかにレニングラード市長カザコフ、レニングラード大学副総長セズニャコフ、神学アカデミー学長ウラジーミルなどである（いずれも当時の肩書）。

ソ連での人びととの出会いについて、池田はインタビューの中で次のように答えている（「潮」'74・12月号）。

「一般的な印象になりますが、ソ連の各界の指導者をはじめ人々は極めて率直であり、ユーモアのセンスもわきまえ、雄弁であるということです。ひと昔前、〝鉄のカーテン〟と言われ、自分たちと違ったタイプの人間がいるとの感覚でいた時代もありましたが、それはナマの人間としての接触がないことによると思う。私も、忌憚《きたん》なく、一般的にソ連には冷たい暗いイメージのあることを要人に語りました。ともかく政治の思惑や経済の利害を超えた次元で、つまり人間対人間の不断の接触のなかに、相互理解が生まれ、理解は信頼へと昇華していくことは間違いありません」

「同じ人間である」「人類みな同胞」「地球は一つ」という池田の思いは、それまでのソ連のイデオロギーの基本「階級的な価値」から脱して、「全人類的な価値」を主張したゴルバチョフの考えにつながるものだ。

ソ連という国で初めて直接見聞した池田が、ソ連について気が付いた点、考えた点、学んだ点は何であったか。同誌の同じインタビューの中から興味ある部分をアトランダムに紹介したいと思う。

「私たち一行の世話にあたってくれた人のなかに、モスクワ大学で日本語を学ぶ大学院生が多くいました。彼らは世界のどの地の若者たちとも同じように、未来に生きようとしています。関心は結婚とか、職業とか、いずこも同じです。ジーンズをはいていますし、女性はお化粧もしています。私はそうした平凡のなかの歩みこそ、人間であることの共感を覚えます」

「もっとも、人生の苦悩というものを考えた場合、そこにはどうしても人間生命の把握ということと関連してくるわけで、人間の生死など根本命題について思索する風潮がないことは社会主義国とはいえ残念でした」

「私は限られた体験ではありますが、素朴さ、人の良さ、忍耐強さなどに総称されるロシアの国民性は、革命後六十年になんなんとする今日でも、民衆のなかに深く息づいていると思います」

「非常に興味深かったのは、文化遺産・文化伝統を、革命五十七年を経たソ連は、一貫して守り抜いてきたという事実です。(中略)実際にモスクワにもレニングラードにも、市街には古い建築が大切に市民の共有財産として残され、ツァーが『権力の証《あかし》』としてつくり上げたものでも、広く公開されています」

「もとよりこうした革命情熱が、その後、決して平坦な道をたどったわけではありません。とくにソ連の場合は、地上に初めて出現した社会主義国として、内外に反対勢力をかかえ、文字どおり〝四面楚歌《しめんそか》〟の状態におかれていました。隙あらば新生ロシアを打倒しようと虎視眈々《こしたんたん》と列強諸国が狙うなかで、一国社会主義建設の道を歩まざるをえなかったという事実、また、第二次世界大戦による膨大な人的、物的被害、などを考えれば、ときに民衆の自発的意志にもまして、党中央の強力なリーダーシップが表に出てきたのも、一面やむをえない点もあったかと思われます。『創業は易く守成は難し』ということが、ソ連の場合、ことさら厳しい状況にあったわけです。したがって、平和共存政策が一定の定着をみた現在、ソ連の指導的立場にある人々は、熱烈たる革命精神を、どのように継承、発展させていくかに、最大の努力をしているのです」

「私はまた、今日のソ連の貴重な平和遺産として無名戦士や市民の墓を挙げたい。レニングラードのピスカリョフ墓地には第二次世界大戦の戦没者五十万人以上の市民や兵士が葬られていますが、そこには緑の公園墓地として戦後三十年を経た今も、平和への意志を、尊き生命というあがないをもって、語りかけているように思いました。革命精神の継承とともに、平和への意志の継承に、私は大きく期待したい」

「ソ連に対する批判がさまざまにあることは事実ですし、私も知っていますが、私はソ連をみる場合、ヨコの比較、つまり西側はどうで東側はどうといったことも必要でしょうが、まずタテの比較、つまり、革命後五十七年、ソ連はどう変わったかをみる必要があるでしょう。共産主義というものも、人間の営みの一形態です。その営みを生む思想の反映が一到達点としての現在にみられるのであって、それがどういった流れにいくかは、後世の歴史家の判断にゆだねたいと思います」

「ソ連が人類の明日へ少なからぬ選択権を握っていることは、事実です。日本人はロシア文学を愛し、ロシアの民謡を口ずさむ一方で、ソ連のことを知らなすぎる一面があるように思う。私はまず互いに知り合い、意見を交わすところから、すべてが始まると思う。それも政治や外交の枠組みを離れた、率直な語らいです」

「今回の訪ソで得た私の最大の収穫は、ソ連の民衆は決して戦争を望んでおらず、平和を唯一の目標として、戦争回避、緊張緩和を一〇〇パーセント、いや一二〇パーセント願っているということです。ところが非情な国際政治の舞台では、平和が前面に押し出されず、利害が先に立ってしまう。この国家間の現実的態度を無視するものではありませんが、ともかく庶民の本性の叫びというものを、いっさいの障壁を超えて、最優先させなければならない時代が、今であると思っています」

「アジアの平和に関連して中国の問題も出たことは事実です。むしろ、そうした問題を、いたずらにタブー視する態度こそ偏狭な、国家の枠にとらわれた発想であると言わざるをえません。私自身訪中したさい、中国の首脳、人民の平和への熱意と努力を肌で知っておりますし、中国を除いてのアジアの平和はありえないというのは、長年の私の確信でもあります。私は、中国は侵略的でないことを、コスイギン首相に強く訴えました。（中略）相互不干渉・不可侵ということは、国と国との関係の大前提であり、双方は厳しくこれを守らなければならない。そして、なによりも人類総体としてみた場合、ソ連と中国のような影響力が大きい国が対立、抗争していることは、人類にとって大きな不幸です。ヨコに人類総体の生きのびる道を考え、タテに一個の人間の生存の重みに思いをいたすならば、平和への民衆の意思を人類的に結集すべきである――私の訴えたいのは、まさにこの一点に尽きると言っても過言ではないのです」

池田訪ソは日本のマスコミの注目を浴びた。池田・コスイギン会談についての特派員電は各社三段から二段で大きく報じられた。それらの報道には、池田の一連の文章や談話にはない視点で書かれたものもあった。

各紙によれば、会談は「和やかな雰囲気の中で」行われ、池田が三首脳（ブレジネフ、コスイギン、ポドゴルヌイ）の訪日について尋ねたところ、コスイギンは、「訪日問題は日程に上っている。ブレジネフ書記長も行ってみたいと言っている」としながらも、ソ連首脳の訪日は現段階では時期尚早であり、まず平和条約交渉のため日本外相の年内訪ソを希望すると述べた。

この池田・コスイギン会談直後の九月二十五日、木村俊夫・グロムイコ外相会談がニューヨークで行われ、翌年一月半ばには宮沢喜一外相が訪ソして、グロムイコとの間で第三回日ソ平和条約交渉を進めた。しかし、その後十年以上続いたブレジネフ政権下でも日ソ平和条約の締結にいたらず、結局、ブレジネフ、コスイギンの訪日が実現しなかったのは残念であった。彼らが訪日していたならば日ソ関係に新たな変化が起きた可能性は大きかったと思う。

ブレジネフ時代、池田はさらに七五年五月、八一年五月と訪ソを重ね、文化・教育交流を促進した。七五年の訪ソではコスイギンと再会し、文化・教育交流の進展について意見を交換した。この第二次訪ソで池田は、最高会議連邦会議議長シチコフ、高等中等専門教育相エリューチン、初等教育相プロコフィエフ、文化相デミチェフ、モスクワ市長プロムイスロフ、ソ日協会会長兼海運相グジェンコ、ソ連平和委員会議長チーホノフ、ソ連婦人委員会議長テレシコワら多数のソ連要人と会談を重ねた。

モスクワ大学を訪問した際に池田はホフロフ総長と会談し、名誉博士号を贈られた。池田は「東西文化交流の新しい道」と題して講演し、創価大学とモスクワ大学との学術交流協定調印式に出席した。

この時代にソ連との交流を開始することの重要性は、日本外務省大臣官房国内広報課発行『われらの北方領土』('90・2版)の末尾〝日本国交回復以後の日ソ関係重要事項年表〟に七四年、七五年と二度にわたり「池田創価学会会長訪ソ」と明記されていることからも立証されている。

八一年の第三訪ソの際に池田は、コスイギンの後任首相となったニコライ・チーホノフと会談した。

七九年末のアフガニスタン侵攻が世界中の非難の的となっている中、前年(八〇年)には、モスクワでの初の五輪が多くの国ぐにからボイコットされるなど、ソ連は国際的に厳しい評価を受けていた。

その時に池田は、文化交流を全面的に掲げ、鼓笛隊、創価大学合唱団など総勢二百人を超える訪問団を率いて多くの市民、学生と交流を図った。「日本人形展」がモスクワで開催された。

1975年　第二次訪ソ

5月27日、モスクワ大学文化宮殿で、同大学名誉博士号授与を記念し「東西文化交流の新しい道」と題して、講演する池田(右)とホフロフ総長

5月27日、モスクワ大学総長室で、池田に同大学の名誉博士号が授与される。このとき、創価大学との教育交流協定の調印も

5月26日、婦人委員会に世界初の女性宇宙飛行士テレシコワ会長(左3人目)を訪ね懇談

3. コスイギン首相の横顔

一九六四年十月にスタートしたブレジネフ政権が、レオニード・イリイッチ・ブレジネフ共産党第一書記（六六年に書記長と改称）、アレクセイ・コスイギン首相（閣僚会議議長）、ニコライ・ポドゴルヌイ最高会議幹部会議長の三人で集団指導体制をとったことは前にも述べた。これはトロイカ（三頭だて馬車）体制と呼ばれた。

七七年六月にポドゴルヌイが解任され、党書記長ブレジネフが最高会議幹部会議長を兼任し、名実ともにブレジネフ時代となった。党書記長の権限は絶対であり、ゴルバチョフ時代以前のソ連においては、公式の書記長批判は許されなかった。ブレジネフの相棒役だったコスイギンは八〇年十月病気引退し、後任をニコライ・チーホノフに譲るまでの十六年間、首相を務めた。

ソ連の歴代首相を振り返ってみよう。意外と知られていないが、初代の首相は「革命の父」ウラジーミル・レーニン（二三年〜二四年在任期間、以下同）だった。当時は人民委員（大臣）会議（内閣）議長と呼ばれた。その後、アレクセイ・ルイコフ（二四年〜三〇年）、ビャチェスラフ・モロトフ（三〇年〜四一年）、ヨシフ・スターリン（四一年〜四六年）が人民委員会議議長を歴任した。ちなみにレーニンの場合、ソビエト連邦成立（二二年十二月）以前のロシア（一八年からロシア・ソビエト連邦社会主義共和国＝ＲＳＦＳＲ）人民委員会議議長（一七年〜二三年）でもあった。

スターリン時代に人民委員会議議長は閣僚会議議長に名称が変わった。スターリン（四六年〜五三年）、ゲオルギー・マレンコフ（五三年〜五五年）、ニコライ・ブルガーニン（五五年〜五八年）、ニキータ・フルシチョフ（五八年〜六四年）と続き、コスイギン（六四年〜八〇年）が八人目の首相に就任した。その後任がチーホノフ（八〇年〜八五年）。次いでニコライ・ルイシコフ（八五年〜九〇年）が閣僚会議議長となったが、ソ連最後の首相はワレンチン・パブロフ（九一年）だった。パブロフは首相（プレミエル・ミニストル）と呼称された。

これで分かるように、レーニンから数えて六十八年間のソ連時代の首相はわずかに十一人に過ぎない。このうち首相と党のトップを兼任した事実上の独裁者はスターリンとフルシチョフの二人だけだった。ブレジネフ時代以降は党書記長と首相の役割は分けられたが、共産党書記長が国政の最高指導者であった。

創価学会名誉会長池田大作は三人のソ連首相と会談した。コスイギン、チーホノフ、ルイシコフである。本項では池田が第一次訪ソ（七四年九月）と第二次訪ソ（七五年五月）の二回会見したソ連首相、今なおソ連時代の名宰相として語り継がれているアレクセイ・ニコラエビッチ・コスイギン（六四年十月〜八〇年十月）を紹介したい。

典型的なテクノクラート（技術官僚）だったコスイギンは、六〇年代半ばから外交面でも活躍する。主な動きを振り返ると、六五年二月に北ベトナム、中国、北朝鮮を歴訪したが、二月七日に米軍が北爆を開始した。コスイギンがハノイ滞在中を狙ったと言われている。北ベトナム訪問後、中国でコスイギンは毛沢東、周恩来らと会談したが、既に表面化していた両国の対立は解消されなかった。

六五年インドとパキスタンが南部国境沿いで武力衝突した。第二次インド・パキスタン戦争である。全面戦争に発展しかけたが、英国と米国の停戦圧力があって、印パ両国は国連安保理の停戦決議を受託した。これを受けて調停に乗り出したのが、コスイギンであった。六五年九月コスイギン提案で実現したタシケント（中央アジアのウズベキスタンの首都）での両国首脳会談でタシケント宣言が調印された。これによって、紛争地域のカシミールの停戦ラインの遵守《じゅんしゅ》が約束され、カシミールでの両軍の撤退が実現した。

コスイギンは六七年二月に訪英し、ウイルソン英首相と会談、同年六月二十三日訪米し、ニュージャージー州グラスボロでジョンソン米大統領と会談した。会談後の記者会見で、米軍の即時撤退と北爆の無条件停止を要求したと語った。コスイギンはその足で六月二十六日にキューバを五日間訪問し、同地で、ラテンアメリカ諸国共産党が合法的な活動を無視してゲリラ闘争をすることを批判した。

コスイギン・周恩来会談――六九年

六九年九月十一日、ハノイでのホー・チ・ミン葬儀の帰途、コスイギンは北京に立ち寄り、空港で周恩来と会談した。本章1で述べたように、四年半ぶりの中ソ首脳会談だった。ハノイで両首脳は顔を合わせることなく、すれ違いに終わっていた。北京空港会談で、周恩来はソ連の奇襲攻撃、核攻撃への警告をするとともに国境武力衝突の回避を提案したと言われるが、会談の詳細は不明だ。十月には外務次官級の中ソ国境会談が実現しているから、コスイギンの応対も建設的だったと推測される。

七〇年三月にウイリー・ブラントは、西独首相として初めて東独首相と会談し、同年八月に訪ソして、ソ連・西独武力不行使条約(ボン・モスクワ条約)に調印した。これで、戦後、冷戦状態だった西独とソ連の関係が正常化した。この条約に調印したソ連側代表はコスイギンであった。ブラントは後にソ連・東欧諸国との関係改善に努めた「東方外交」の功績により、七一年のノーベル平和賞を受賞した。

コスイギンは七九年末のアフガニスタン軍事侵攻に消極的だった。琉球大学の金成浩の研究によれば、アフガニスタンの指導者タラキが七九年三月クレムリンにソ連の軍事援助を要請する電話をかけてきた。電話で応対したコスイギンは、ソ連軍人の参戦を隠し通すのは不可能であり、すぐに国際世論の非難を浴びることになると要請を断ったという。

アフガニスタン問題に関するクレムリンの最高政策決定機関の会議でコスイギンは、「軍事介入よりもアフガンへの軍備補給を遅らせないことが先決である」「アフガン政府自身がアフガン軍によって問題を解決すべきだ」「軍を派遣するならば、世界の世論を納得させるだけの理由が必要だ」といった発言をしている。十二月二十七日のソ連軍侵攻の前日、侵攻方針が最終決定されたが、その会議出席者はブレジネフ（党書記長）、ウスチノフ（国防相）、グロムイコ（外相）、チェルネンコ（党中央委書記）、アンドロポフ（国家保安委員会《KGB》＝議長）の五人で、首相コスイギンの名前はない。

日本との関係では、日本鉄鋼代表団（団長・永野重雄富士製鉄社長）は六四年六月、コスイギン第一副首相と会見し、日ソ経済委員会設置を決めた。同年七月に日本政府経済使節団が訪ソした。

六八年訪ソした中曽根運輸相、六九年の愛知外相ら日本の政治家がコスイギンと会見した。田中首相も、七三年訪ソの際に、ブレジネフらとともにコスイギンと顔を合わせている。田中は七四年四月ポンピドゥー仏大統領葬儀出席後、帰途モスクワに立ち寄り、コスイギンと再会、会談した。

コスイギンは八〇年十二月十八日、ブレジネフに先だって亡くなった。盛大に国葬が行われ、歴代のソ連の要人と並んで、赤の広場に面するクレムリンの壁に、遺骨を入れた骨壺底がはめ込まれた。

当時は、外国人が閣僚級の要人との会見を希望した場合、しかるべき党機関が諾否を決定していたようだ。ましてやコスイギンは、フルシチョフ政権時代の六〇年から、ソ連の最高政策決定機関だった政治局の正会員であった。超多忙な党書記長や首相に会わせるかどうかは、党の下部機関が決定する。外国の首相級ならまだしも、ソ連ではほとんど知られていない人物の場合、会見するにふさわしい人物かどうかを事前に綿密な調査、検討を行っていたらしい。

コワレンコの存在

ところで、戦後の日ソ関係で忘れられない人物がいる。イワン・コワレンコだ。コワレンコは知る人ぞ知る、戦時中から日本と因縁の深い人物で、毀誉褒貶《きよほうへん》さまざまな評価を耳にするが、その功罪はここでは問わない。

コワレンコは一九一九年二月生まれ。ウラジオストクの国立極東総合大学の東洋学部で日本語を学んだ。戦時中は、第一極東方面軍政治部の一員として対日諜報活動をしていた。戦後六十万人もの日本の関東軍兵士がシベリアに抑留されたが、その収容所の「日本新聞」の編集長を務め、日本人と接触していた。フルシチョフ時代の末期に党中央委員会国際部に配属され、ゴルバチョフ政権まで二十五年以上も、中央委員会国際部で主に対日関係の仕事を担当していた。最後は国際部副部長のポストにあった。ソ日協会第一副会長も務めた。

コワレンコの辣腕《らつわん》ぶりは日ソ関係者の間でよく知られた。戦後の冷戦期間中、ソ連の対日政策を表裏両面にわたってとりしきり、重要な役割を果たしてきた責任者であったことは疑いない。一部関係者からは、戦後の日ソ関係における「闇の司祭」と呼ばれた。七七年六月の朝日新聞専務、泰正流による「ブレジネフとの単独インタビュー」をアレンジしたり、八〇年モスクワ五輪の独占中継放映権のテレビ朝日への供与が決定されたのも、コワレンコの「対日工作」の一環であったことが明らかになっている。

九四年秋の池田初訪ソ二十周年にあたりコワレンコは次のように記述した（「大白蓮華」'94・11号）。

「ソ連共産党指導部、共産主義者は、池田先生、創価学会代表団のソ連訪問を、はじめ歓迎しなかったということです。指導部は、創価学会についての正しい情報を持っていなかったからです。党中央委員会においては、創価学会、池田先生について長い議論がありました。特に党国際部において論争が行われました。ある者は、適当な情報が見当たらない。創価学会の性格、創価学会の政治哲学の背景にあるものを更に検討してからでも遅くはない等、主張しました。大半は創価学会の目的、池田会長自身のこと、池田会長の精神的な面、社会的意向を検討した後で招待しよう、との意見でした」

「私は、それに賛成しなかった唯一の国際部員でした。池田会長は、必ずソ連を訪問しなければならないという、徹底した態度をとりつづけました。池田先生が訪ソして、トップレベルの会見、国家レベルの歓迎をすべきであると提案しました。私の意見が結局は勝利し、党官僚は敗退しました。政治局、なかんずくコスイギン首相が私の意見を支持し、池田先生のソ連訪問が決定しました。国家レベルで歓迎するという特別な決定でした」

「そして、池田・コスイギン会談をクレムリンで行うことも決まりました。しかし、形式的には、党中央ではなく、対文連（ソ連側の文化交流の窓口だった対外文化交流団体連合会）、モスクワ大学の名においての招待となり、最終的にはモスクワ大学の招待となったのです」

「コスイギン首相との会見では、団長である池田先生は、政治論、哲学、創価学会の活動内容などを述べ、学会が日本において一千万人を超えるメンバーを擁している、との発言がありました。これには、コスイギンが驚きました。コスイギンは、すかさず創価学会とソ連の社会的組織とのコンタクトによって、有意義なソ日関係の発展に寄与できる、実りある協力関係を築くことができると確信できます、と意見を述べました」

「さらにコスイギンは『貴方の根本的なイデオロギーは何ですか』と質問しました。池田先生は『創価学会は、平和主義、文化主義、教育主義、そして人間主義という原則を基礎においています』と答えられました。それを聞いてコスイギンは『この原則を高く評価します。この思想を私たちソ連も実現すべきです』との応答となりました。このことが池田・コスイギン会談の最も広く、深い性格を持った話題（内容）だったと思います」

池田会談の後、コスイギンは「こういう優れた日本人をどこで見つけたのですか。どこで発見したのですか」と言い、これからも池田と密接な関係を保つようにと命令。お墨付きを与えられたことをコワレンコは明らかにしている。コワレンコが池田初訪ソを高く評価したのは言うまでもない。コワレンコの自著『対日工作の回想』（加藤昭監修、清田彰訳、文藝春秋、'96・12刊）

の中で、コワレンコは池田を「優れた社会活動家、宗教家、現代の大哲学者」「民間外交の名人」と称賛している。

チーホノフ・池田会談―八一年

池田は八一年五月にも訪ソしたが、この時はニコライ・チーホノフ首相と会談した。チーホノフはコスイギンより一歳年下で地味な政治家だった。ブレジネフと同じドニエプロペトロフスクの冶金大学を卒業したテクノクラート。戦後、五〇年代に中央官庁で責任ある部署に就いた。七九年に政治局員に選出され、翌年コスイギンの死去に伴い後任首相に任命された。首相在任は五年間だった。

池田・チーホノフ会談について、江藤幸作（創価学会副会長）は池田初訪ソ二十周年にあたって、次のように回想している。

「ＳＧＩ会長（池田）のモスクワ訪問は、七五年、八一年、八七年、九〇年と歴史を刻んできております。なかでも、八一年の第三次訪問は、私にとって忘れ得ぬ訪問でした。（中略）チーホノフ首相との会見で、クレムリンの会見場の入り口で見送る私たちに〝行ってくるよ。私は一庶民として会ってくる。私が強いのは一千万学会員がついているからだよ〟とドアのなかに入っていかれました。そこに、常に庶民として、学会員と行動を共にされているＳＧＩ会長の原点を見たような思いでした」

1981年　第三次訪ソ（下）

5月12日、外国文学図書館に故・コスイギン首相の令嬢・リュドミーラ・グビシアニ館長を訪ね、懇談。館長によると「その日（'74年9月17日）、執務を終えた父が帰宅して言いました。『きょうは平凡でない、非常に興味深い日本人に会ってきた』」と池田会長との出会いに言及したという

グビシアニ館長から「父の温かさが込められています」とクリスタルの花瓶が贈られた。故・コスイギン首相が社会主義労働英雄の表彰を受けた際の記念品

後述するように、チーホノフとの会談で池田は世界平和に向けて「米中日ソ首脳会談」の開催を提唱した。「ワシントンとかモスクワではなく、スイスなど第三の地を選んで、一日も早い米ソ首脳会談の実現を人類が望んでいる」との内容であった。八一年五月のころ、米国は反共の闘士レーガン（大統領在任八一年一月〜八九年一月）が大統領であり、日本の首相は鈴木善幸（八〇年七月〜八二年十一月）、中国は胡耀邦（八一年六月〜八二年九月）が共産党主席であった。ソ連のブレジネフは、アフガニスタンへの軍事侵攻の余波が収まらず、国際社会では四面楚歌《しめんそか》の状態だった。そういう時にこそ、首脳会談が必要なのかもしれないが、当時はまだ、池田の提案に耳を貸した首脳はいなかった。

結局、米ソ首脳会談は、ゴルバチョフ登場後の八五年秋、ジュネーブでの会談まで待つことになったのである。

第3章　ゴルバチョフとライサ夫人

1. ゴルバチョフの生い立ち

よく「ソ連時代は」とか「旧ソ連では」といった言い方を見たり聞いたりするが、これは正確ではない。筆者は、同じ「ソ連」でも、「ゴルバチョフ以前のソ連」と「ゴルバチョフ時代のソ連」とを区別すべきだと考えている。より正確に言えば、新しいソ連共産党書記長を選出するためにソ連共産党中央委員会総会が開かれた一九八五年三月十日以後のソビエト連邦は、それ以前とはまるきり違った性格をもつ国に変貌を遂げてしまったのである。

どこの国でも最高指導者によって一つの時代が作り上げられる。とりわけソ連の場合、それが顕著である。旧暦の一九一七年十月二十五日（新暦では十一月七日）の「大十月社会主義革命」、いわゆる「ロシア革命」でソビエト政権が樹立された後、九一年十二月にソ連が解体されるまでの七十四年間、最高指導者の名前をとって、何々時代と呼ばれていることは前にも触れた。

前章で、ソ連の歴代首相は全部で何人だったかを解説したが、ソ連共産党の指導者についてもその数を確認しておきたい。

まず、ソ連共産党の変遷であるが、その母体は「ロシア社会民主労働党＝ＲＳＤＲＰ（ボリシェビキ）」（一九〇三年～一八年）、「ロシア共産党＝ＲＫＰ（ボリシェビキ）」（一八年～二五年）、

「全連邦共産党＝ＶＫＰ（ボリシェビキ）」（二五年〜五二年）で、五二年からは「ソ連共産党＝ＫＰＳＳ」（〜九一年）となった。

ＲＳＤＲＰ（ボリシェビキ）とＲＫＰ（ボリシェビキ）の最初の指導者は、ウラジーミル・レーニン（一八七〇〜一九二四年）であった。レーニンは二三年七月に初代ソ連人民委員会議議長（首相）を兼任し、死去するまでその地位にあった。ちなみに、ソ連つまり、ソビエト《S》社会《S》主義《S》共和国《R》連邦の結成は一九二二年十二月三十日であった。

レーニン存命中の二二年に党書記長のポストが作られ、ヨシフ・スターリン（一八七九年〜一九五三年）が就任した。スターリンはＲＫＰ、ＶＫＰ（ボリシェビキ）およびＫＰＳＳの書記長であった。彼も死ぬまで、書記長の地位を占めていた。スターリンは四一年五月ビャチェスラフ・モロトフの後任として人民委員会議議長（四六年三月閣僚会議議長に改称）、つまり首相職を兼務した。

スターリンは五三年三月五日に死去するが、その後任としてニキータ・フルシチョフ（一八九四年〜一九七一年）が選ばれたのは同年九月であった。したがって、約半年間は党書記長不在であった。フルシチョフは党書記長ではなく、党第一書記と呼ばれた。フルシチョフは五八年三月からニコライ・ブルガーニンの後継首相を兼任した。六四年十月のクーデターで失脚するまで、第一書記兼首相であった。

三人目がレオニード・ブレジネフ（一九〇六年〜八二年）。フルシチョフの後を襲って党第一書記に選ばれた。六六年に第一書記から、スターリン時代の党書記長に改称。しかし、前任者たちとは異なり、最後まで首相は兼務しなかった。ブレジネフも八二年十一月に死去するまでそのポストにとどまり続けた。

ブレジネフの後継党書記長はユーリー・アンドロポフ（一九一四年～八四年）だったが、わずか十五カ月の短期間で病死した。八四年二月アンドロポフの死去後に党書記長に選ばれたのは、アンドロポフより年長のコンスタンチン・チェルネンコ（一九一一年～八五年）で、彼も病弱であったため八五年三月に死去、一年一カ月の短命政権に終わった。

そして、ソ連最後で七人目のソ連共産党書記長として登場したのが、五十四歳の若手指導者ミハイル・ゴルバチョフ（一九三一年～）であった。九一年八月ソ連共産党が解散されるまで党書記長を務めた。ゴルバチョフは首相は兼任しなかったが、九〇年三月人民代議員大会で大統領に選ばれた。ソ連最初にして最後の大統領であった。

洗礼をうけていたゴルバチョフ

ここで、本書の一方の主役であるゴルバチョフを紹介したい。

ミハイル・セルゲービッチ・ゴルバチョフ。ロシア人の名前は、はじめが本人の名前、真ん中が父称、つまり父親から授かった名称で（セルゲービッチとは父セルゲイの息子であることを示す）、最後が姓である。ゴルバチョフは一九三一年三月二日、北カフカス、スタブロポリ地方の村プリボリノエで生まれた。ロシア革命の後生を受けた初めてのソ連最高指導者だった。

幼少のころミーシャ（ゴルバチョフの愛称）は痩せてなんとなくひ弱な感じの子であった。いつもコサックの軍帽を被っていたという。ゴルバチョフのトレードマークは頭額部の前方右寄りに縦長にかなり目立つ赤ブドウ酒色《ワインカラー》のアザである。こういうアザの子供を見ると、ロシアのおばあさんは「これは腕白小僧だ、神様がちゃんと印をおつけなさった」とつぶやくそうだ。

この「赤い星」のアザは「波乱の星」でもある。ある易者によれば、ゴルバチョフは間違いなく「改革者」としてこの世に生を受けた人物で、男としては非常に強い星の下に生まれ、天の徳をもつ人。「しかし、あくまで過渡期の指導者であり、ある程度、時代の役割を果たすと舞台から消える運命にあるとか」と筆者は九〇年八月著書『人間ゴルバチョフ』（時事通信社、'90・8刊）の初版に書いたが、その一年半後のゴルバチョフの運命を見ると、この予言が的中していたことに改めて驚かされる。

ゴルバチョフの額は「天庭」といって形のいい相だという。表面的な柔和さとは裏腹に、物事の遂行力、実行力の優れている人相だという。団子鼻は協調性に富んでいる印だとか。ゴルバチョフの容貌について言えば、いつも輝いて好奇心に満ちたその目は魅力的だと言う人が少なくない。人びとを引き付ける「ゴルビー・スマイル」と男らしい低音も魅力である。

ミーシャは当時の農村の子供たちがそうであったように、早くから農業の手伝いをした。十三歳のころからコルホーズ（集団農場）で働き始め、十五歳には父親と交代でコンバインを運転したという。父方の祖父アンドレイは三四年、母方の祖父パンテレイは三七年、スターリン粛清のさなか、虚偽の告発や播種《はんしゅ》計画不遂行のかどで逮捕、拘留されたことがあった。おばあさん子だったミーシャは幼少のころ洗礼を受けた。八五年十月フランスを訪問した際、記者会見でゴルバチョフは、キリスト教の洗礼を受けた事実を自ら認めた。ソ連共産党の書記長の口から洗礼の事実が明らかにされたのは画期的なことであった。

ソ連時代には、共産党の下部機関にコムソモール(全連邦共産主義青年同盟)があった。党員を養成する組織でもあった。十四歳から二十八歳までの若者を受け入れた。ミーシャは十四歳ですぐこれに加盟した。中等科教育時代、大変な読書家だったらしい。小説や詩を乱読していたという。また、芝居にも熱中し、課外活動では演劇を選んだ。ゴルバチョフの芝居好きは終生変わらないようだ。責任ある指導者になっても観劇は欠かさなかった。

十八歳のときに労働赤旗勲章を受章した。コムソモール活動に対する功労であったが農業労働への褒賞でもあったようだ。

モスクワ大学法学部時代

五〇年、十九歳で中等科を卒業したときは銀メダル組だった。勉強家で成績は良かったが、がり勉タイプではなかった。難関を突破してモスクワ大学法学部に進学した。田舎者ではあるが、労働赤旗勲章受章のこの優秀な若者をスタブロポリ地方党委員会が推薦したとの説もある。とにかく好奇心の強い青年だったようだ。ゴルバチョフ自身、八七年五月に外国人記者とのインタビューで次のように語った。

「私はさまざまな分野で非常に多くのものに関心をもつことを自分の〝弱点〟と常に見なしてきた。（中略）私は法学部に入ったが、最初は物理学部に入りたかった。数学が非常に好きだったが、歴史も、文学も好きだった。学校で覚えた詩を今も暗唱している。分別盛りの年齢になってからは経済問題により多くの関心をもち、この問題について読んだり、書いたりした」

モスクワ大学はソ連きってのエリート大学だ。ロモノーソフ記念国立モスクワ大学と呼ばれる。一七五五年創設された。創設者は、科学者であり、詩人と言語学者でもあったミハイル・ロモノーソフ。レーニン丘（現・スズメが丘）にそびえ立つ中央三十二階建て、両翼十八階建ての高層の建物でも知られる。モスクワ市内に散見されるスターリン建築の一つで、五三年に完成した。

在学中の五二年に入党した。同時に大学法学部コムソモールの指導者でもあった。正義感の強い学生だったと伝えられる。バレーボール、チェスを好んだ。

大学は全寮制で、南方気質《かたぎ》のゴルバチョフに顕著だったのは社交性と話し好きだったという。学生生活で特筆すべきことが二つあった。

一つはライサ・マクシーモブナ・チタレンコとの学生結婚（五三年）だ。ライサ（愛称ラーヤ）は三二年一月五日シベリアの町ベセロヤルスクの鉄道員の家庭に生まれた。父はウクライナからの移民の子供、母はロシア人だった。彼女は中等科の金メダル卒業生だった。意志の強いはきはきした性格ながら、その美貌、教養と、服装のセンスの良さから、男子学生の注目の的であった。彼女は熱心に劇場に通う女性として知られた。

もう一つは、チェコスロバキア留学生ズデネク・ムリナシとの出会いである。同部屋だった。ムリナシは、六八年の「プラハの春」の指導部の一人となる人物で、「人間の顔をした社会主義」の理論家であり、戦略家、実行者であった。彼はペレストロイカを実践したゴルバチョフのイデオロギーに強い影響を与えたと見られている。

五〇年代初期にムリナシと五年間直接の交友を続けたことは、ゴルバチョフが外国にそれだけ滞在したのと同じ体験をしたことになる。ゴルバチョフが外観やマナー、服装などの面であかぬけし肝要さと心のこもった振る舞いをイメージづけるなど、一般的なソ連の政治家と一味違うのはムリナシの功績であったと、ブレジネフ時代に亡命したジョレス・メドベージェフ（生化学者）は指摘した。「ムリナシは新しいタイプのソ連指導者を準備した」のだという。

学生時代のゴルバチョフについてムリナシは「未来のソ連の指導者は心の開かれた人間であり、その知性は決して傲慢《ごうまん》に転ずることはなかった。人の話に耳を傾けるのがうまく、喜んでそうした。正直で善意に満ちていた。その権威は形式的ではなく、自然に備わったもので、同時に彼の誇りは高かった。生まれながらの改革者であった」と書き残している。

この親友ムリナシのガールフレンドがライサと同部屋だったことが、ゴルバチョフとライサを近づけたようだが、「ゴルバチョフが信頼できる男であり、粗野なところがなかった」のが、多くのライバルに競り勝ちライサのハートを射止めた理由だとムリナシは回想している。二人の出会いは学内の社交ダンス講習会だった。

結婚式・披露宴は学生同士ということもあって簡素だった。大学食堂で三十人程度の仲間が集まって披露パーティーが開かれた。その晩一夜だけゴルバチョフの同室者たち全員が気を利かして出て行った。カップルの初夜のために部屋を提供したのだ。今も昔もそういうしきたりだそうだ。

ゴルバチョフの卒論のテーマは「ソビエト（議会）の役割について」。大学を卒業して三十五年後の九〇年、ゴルバチョフは「すべての権力をソビエトへ」という一七年革命の基本方針を捨てて、率先して共産党の一党独裁を排し、歴史的な政治改革を断行したが、何やら因果《いんが》を感じないわけにはいかない。大学を五五年に優秀な成績で卒業したが、ソ連歴代の党首でモスクワ大学出はゴルバチョフが初めてである。

故郷スタブロポリへ

卒業するとゴルバチョフ夫妻はそろって、ゴルバチョフの故郷スタブロポリに帰った。それからの二十三年間、ベルギー、スイス、ルクセンブルクを合わせたに等しい広大なこの地で生活した。スタブロポリ時代、ゴルバチョフはコムソモール専従として活動する。市と地方のコムソモール第一書記を務め上げたのち、スタブロポリ地方の党官僚機構の階段を着実に駆け上がった。

ところで、ゴルバチョフが後に大統領に就任した後、グルジアやバルト諸国での民族問題でつまずいたかに見えたとき、「ゴルバチョフは民族問題を知らない」などと日本でも、民族問題がゴルバチョフの弱点のように言う〝わけしり顔の専門家〟がいたことを思い出す。しかし、それは、ゴルバチョフが生まれた場所、大学卒業後モスクワから戻った彼が過ごしたスタブロポリという土地柄に無知な者の言葉であった。

ゴルバチョフは池田大作との対談集『二十世紀の精神の教訓・上』（前出）の中で次のように語っている。

「私たちは、あらゆる民族が混在しているノボロシア（ウクライナ南部と北カフカス全体）の子供です。私たちは、習慣的に見ても、ロシアの〝国際主義者〟となるべく運命づけられていたのです。スタブロポリの人びとが抱く愛国心には、もともと国際主義が根付いていました。それは、多民族に囲まれ、驚くべき多彩な民族性のなかで、育まれてきたからなのです」

池田は「『国際主義者』となるべく運命づけられていた——いい言葉です。日本の諺《ことわざ》に〝三つ子の魂百まで〟とあります。閉鎖的で、国際性に欠ける日本人は、重々、自戒しなければならない点です」と応じた。さらにゴルバチョフは続ける。

「春に雪解けで、川が氾濫した後、大小さまざまな湖沼（地元ではモチャークと言います）ができますが、それと同じように、数千年に及ぶ民族の移動、移住の結果、スタブロポリには、さまざまな民族集団が多数できていきました。これほど、コンパクトな地域に、異なる民族が同居し、さまざまな言語や文化、宗教が接触した地域は、世界でも少ないでしょう。地域人口の八三%を占めるロシア人の外に、カラチャエフ人、チェルケス人、アバジン人、ノガイ人、オセト人、チェチェン人、イングーシ人、ギリシャ人、アルメニア人、トルクメン人などが、住んでいます。それぞれの民族は独自の言語をもっているだけでなく、習慣、気質、生活様式も違います」

「このような多民族、多言語の多彩な環境の下で生活していると、多くのことを学びますが、特に寛容さ、気遣い、互いの尊重という点が育まれます。山岳民族を侮辱するということは、不《ふ》倶戴天《ぐたいてん》の敵をもつことを意味し、その尊厳を認めることは、最も誠実な友をもつことを意味します。そういった友人が、私には、大勢いました。まだそのころは難しい理屈は分かりませんでしたが、平和であるためには『反目』や『対立』ではなく、『寛容さ』と『調和』が大事であることを少しずつ意識するようになっていました。後に私が大統領になり、民族問題が眼前に立ちふさがったときも、それは私にとってまったく未知の問題ではなかったのです」

池田は言う。「素晴らしい教育環境です。〝善〟の本質は結合、すなわち――『人間』と『人間』、『民族』と『民族』、『人間』と『自然・宇宙』を結合させる力であり、逆に〝悪〟の本質は、それらを分断する力、働きと言えます。カフカス地方の精神風土は、巧まずして、その〝善〟の働きを演じているようです」

ゴルバチョフは池田の言葉を肯定して続ける。

「確かに、おっしゃるとおり、歩み寄りの可能性を探ろうとする自分の傾向性は、北カフカスの精神文化から来ているのではないかと思います。申し上げておきますが、これは性格の弱さでは決してなく、ときに言われるような意地の欠如とでも言うものでしょう。（笑）もっとも、北カフカスから、反乱者はたくさん出ています。（中略）しかし、やはり南ロシア人は、ソフトなことが、特徴と言えるでしょう。いさかいを求めるようなことはしません。笑う、ほほえむことが好きですし、太陽の光も溢れています。人生を愛し、人生の喜びを感じることです。北カフカスのロシア人は、天使ではありませんが、喧嘩を売るようなことはなく、また、さっぱりしています。もって生まれた気質であり、先祖が育んでくれたものなのです」

ゴルバチョフは、自分が「優柔不断」であるとの批判を受けていることを承知しているようだ。それにしても、ゴルバチョフ時代の民族問題についてだが、もし最高指導者がゴルバチョフでなかったら、恐らく、さらに重大な事態を招いた可能性が大きかったのではないか。

さて、「二十回大会の子供たち」という人たちがいる。五六年二月の第二十回ソ連共産党大会のフルシチョフ秘密報告によるスターリン批判をきっかけにソ連は雪解けの時代を迎えたが、青年時代をこの時期過ごした人たちをこう呼ぶのだ。つかの間の自由な空気を味わった人たちで、九〇年代に活躍した六十歳代前後の政治家や社会的活動家はこの範疇《はんちゅう》に入る。ゴルバチョフもその一人である。

シェワルナゼとの出会

六一年十月、スタブロポリ地方コムソモール第一書記ゴルバチョフは第二十二回党大会代議員としてモスクワに出向いた。同大会でのスターリン批判の結果、スターリンの遺体はレーニン廟から撤去された。

このころゴルバチョフと知り合いになり、後にペレストロイカ時代、新思考外交の推進者として一緒に仕事をした人物がいる。エドアルド・シェワルナゼ。グルジア共和国のコムソモールで活躍していた。シェワルナゼは回想する。

「新しい知り合いの中に、コムソモールのスタブロポリ地方委員会第一書記をしていたゴルバチョフがいた。われわれはモスクワで開かれたコムソモール中央委員会総会で知り合い、互いに多くの点で同じ考えをもっていることが分かってから、もっと親しくなりたいと願ったのは当然だ。私と同じように、彼は農民出身で、小さいころから外へ働きに出て、民衆の生活の様子をよく知っていた。彼の教養と博識は申し分なかった。地理的に近い場所で活動し、仕事が似ていたこともあって、われわれの間柄は公私ともに深まり、ある主の『近所付き合い』のようになっていった」(『希望』エドアルド・シェワルナーゼ、朝日新聞社外報部訳、朝日新聞社、'91・10刊)

「われわれはモスクワやトビリシ(グルジア首都)で、また彼の自宅で頻繁《ひんぱん》に会い、電話でも話した。互いの胸の奥に秘めていた考え方をだんだん明かすようになっていった」(同書)

七一年ゴルバチョフ四十歳のとき、党中央委員に選出された。千数百万のソ連共産党員のキャリアで党中央委員は重要なメルクマールとなる。スタブロポリのゴルバチョフの存在はモスクワでも注目されていたらしい。中央には「スタブロポリ・コネクション」ともいうべき同地出身の有力な諸先輩政治家がいた。ソ連の政治史に出てくるミハイル・スースロフ、フョードル・クラコフ、ユーリー・アンドロポフらである。スタブロポリにはミネラーリヌイエ・ボドゥイやキスラボトスクといった有名な鉱泉があり、コスイギン、スースロフ、アンドロポフら中央の政治家たちが保養や治療に訪れた。地方の党のトップが彼らを歓待するのがしきたりだった。

「コスイギンはゴルバチョフが腐敗していない人物であることを知っていて、好感をもっていたのではないか」「ゴルバチョフの成功の秘訣の一つは、その簡素な生き方である。アンドロポフはこれに感銘を受けたのであろう」と国連ソ連代表部高官だった亡命ロシア人シェフチェンコは語った。

ゴルバチョフの後見人だった政治局員兼書記クラコフ（元スタブロポリ地方第一書記）が七八年七月急死した。ゴルバチョフはスタブロポリから駆けつけて赤の広場での葬儀でレーニン廟のうえから弔辞を読んだ。葬儀にはブレジネフ、コスイギン、スースロフが欠席したので、「不審な死だ」との記事を書いたことを筆者は覚えている。

クラコフの死から四カ月後の七八年秋ゴルバチョフはモスクワに戻ることになる。十一月党中央委総会でクラコフの後任農業担当書記に任命されたのだ。四十七歳だった。その二カ月前にブレジネフを鉱泉保養地ミネラーリヌイエ・ボドゥイで迎えたのがアンドロポフとゴルバチョフだった。アンドロポフはブレジネフにゴルバチョフを紹介した。このときブレジネフじきじきの「面接試験」に合格したのだ。

グロムイコ回想録によれば、十一月総会の三日前にブレジネフに呼ばれ、「ゴルバチョフを書記にすることをどう思うか」と聞かれた。「スタブロポリの第一書記の評判を耳にしていますが、率直で誠実、しかも良く鍛えられているそうです」とグロムイコが答えると、「私もよい話をたくさん聞いている。だから昇進させるつもりだ」とブレジネフは述べたという。

その後、七九年十一月政治局員候補、八〇年十月政治局員までとんとん拍子に上り詰めた。このとき四十九歳で、政治局員の平均年齢より二十一歳若かった。ゴルバチョフは最高指導部の一員に加わったが、行動は常に控えめであった。当時のクレムリン要人勢揃いの写真を見るとゴルバチョフはいつも端に目立たないように収まっている。政治局最年少としての分をわきまえていた。

当時、農業担当書記は重責だったはずだ。農業はソ連のアキレス腱と言われ、七八年をピークに不振の連続だった。八一年は特に不作の年で生産統計さえ発表されなかった。しかし、ゴルバチョフは責任を問われなかった。ひとえに、その人柄のよさと有力者のバックアップがあったからだと思われる。

その有力パトロンだったスースロフが八二年一月、アンドロポフは八四年二月相次いで世を去った。いずれの葬儀の際にも、政治局員の中でただ一人ゴルバチョフだけがわざわざ遺族の席に近寄り、一人一人にお悔やみの言葉をかけてあいさつを交わしている場面がテレビに映し出され、視聴者に深い感銘を与えた。

八三年八月の集会でアンドロポフはゴルバチョフの引き立て役を演じた。同年十二月中央委総会での党トップ人事はゴルバチョフ政権への布石に見えた。そして、短期間のチェルネンコ政権後、ゴルバチョフ党書記長の誕生となった。

党書記長に選ばれた直後の八五年五月にインド人記者から、昇進はアンドロポフのお陰だと言われているが本当かと尋ねられたゴルバチョフはこの質問を肯定したという。ゴルバチョフとシェワルナゼ（外相）の主任通訳官だったパーベル・パラシチェンコによると、ゴルバチョフは前任者に対する国民の反感を利用することは決してなかった。八五年秋にゴルバチョフと会談したフランス大統領ミッテラン（当時）はパラシチェンコに、ゴルバチョフはブレジネフやチェルネンコを批判せず、改革しなければならないのは体制だと理解していると、語ったそうである。

ペレストロイカの原点

ところで、チェルネンコ時代の八四年十二月十日、「イデオロギー問題の全ソ学術・実務会議」が開かれ、政治局員兼書記のゴルバチョフが「国民の創造力の完全な発揮だけが歴史的改革の成功を保証する」と題する基調演説をした。

その演説の案文をめぐって、事前に党内でかなりもめたことが『ゴルバチョフ回想録』で明らかにされている。ソ連社会の諸欠陥を公開の席で率直にえぐり出すという、当時としては画期的なものだったから、指導部の中で異論があったことは容易に想像できる。今改めて読み返すと、そこにはのちのペレストロイカの萌芽がうかがえる。ペレストロイカの原点を見る思いがするので、重要なゴルバチョフ発言を紹介したい。

「ゴルバチョフはまず「人間に対する配慮」の必要性を強調、「実践活動におけるいかなる決定、いかなる措置も、まず第一に、それが人びとに何を与えるか、その社会的、思想的結果はどうか、という視点から評価されねばならない」と述べた。

そして、彼は「社会主義的民主主義の一層の深化」を訴えた。社会主義的民主主義という言葉はさりげなく、三回使われている。「社民主義」は当時タブーであったから、驚くべき発言であった。

ゴルバチョフはさらに、「われわれ同時代人は、発展した文化と教養を身につけ、幅の広い関心を持ち、多くを見、多くを体験した人びとだ。いま生きている諸世代は、その肩に、十月革命、工業化と集団化、大祖国戦争と複雑な戦後の数十年を担ってきた。このように膨大な社会的経験を積んで、この社会で生活し活動している人びとは、質問に対するおざなりの回答を受け入れず、社会的発展の現実の矛盾、彼らを心配させ、動揺させている諸問題の根源を暴露することを恐れるところから生ずるごまかしを目ざとく見破ってしまう。彼らと話すときは、遠回しの表現や舌足らず、通り一遍の月並みな大言壮語ではない真実の言葉でのみ、話さなければならない。成功に幻惑されることも、手落ちをごまかすことも、また欠陥をあげつらうことも、同じように避けながら、まじめに話すことが必要なのだ。われわれのイデオロギーは大衆自身の英知、最良の感情、政治的経験に向けられている。党がソ連国民に率直で誠実な言葉で呼びかけたとき、いつも受け入れられ、支持されてきたことを歴史は証明している」と説いた。

そして、ゴルバチョフは、経済学が時代の要請に応えていないこと、「人民の社会主義的自治」と利害との調整が必要なこと、科学の分野での論争を奨励すべきこと、社会意識の転換を促すべきこと、経営の形態と方法の改革が当面の主要な課題であることなどを力説した。

この長大な演説の中で、ゴルバチョフはグラスノスチ（公開性）にも触れて、「公開性は社会主義的民主主義の不可欠の一面であり、全社会生活の規範である」と言明した。

また、ゴルバチョフは「われわれは物事を現実的に見なければならない。今日の段階では、労働に対する態度は、ただ自覚に根差しているだけではない。物質的関心なしに、労働の尺度と消費の尺度に対する正確な計算と全人民による監督なしに、委任された仕事に対する報酬の要求なしに、誰に対してであれ、良心的な労働態度を期待することは現実から遊離したお人よしと言うべきだろう。実生活がわれわれに教えている通り、分配と経済運営の社会主義的原則から逸脱すれば、勤労と社会活動での消極性、寄食者根性、道徳的ニヒリズム、所得と財産の再分配における裏取引といった深刻な事態を引き起こす恐れがあるし、また現に引き起こしている」と現状を鋭く告発した。

続いて「勤労者の必要と要求に対する官僚主義的な態度、一部の指導者や公務員の横柄な振る舞い、情実や縁故によるえこひいき」を厳しく糾弾し、「一部の指導者が何ら自己批判することなく、ずうずうしい態度を押し通し、おべっか使いの卑屈なお追従を喜んで受け入れていることは、われわれの事業に大きな損害をもたらしている。こうした現象の代価がいかに高いものか、われわれは知っている」と断じ、最後に「われわれのすべての事業の成功のカギは、人民の生き生きした創造力の発揮にある」と結んだ。

ゴルバチョフによると、新鮮なアプローチ、創造的な討議が特徴となったこのイデオロギー会議は成功だったという。過去長年にわたって行われてきた〝お説教会議〟とは全く対照的であったことがその理由であった。

ゴルバチョフ演説は会場で割れんばかりの拍手で終わったが、「プラウダ」が要旨を伝えただけで、外のソ連のマスコミは無視した。しかし、「当時の標準的な演説から見て大きな違いがあったとは言わないが、大勢の人々がこの演説をイデオロギー上の教条の土台を掘り崩さずに、固定観念に対する新しい見方を提示しようとしたものだと考え、いくらか異なるタイプの党員であることを示唆する彼の比較的生き生きとした言葉を歓迎した」(『ソ連邦の崩壊』パーヴェル・パラシチェンコ、濱田徹訳、三一書房、'99・7刊)のであった。

サッチャーは「彼となら取引できる」

その直後の同年十二月半ば、ゴルバチョフ(当時・政治局員兼書記兼最高会議連邦ソビエト外交委員会議長）はソ連議会代表団の団長として英国を訪問した。英国議会でゴルバチョフは要旨次のような内容の演説を行った。

「人類はどんなに分裂しようとも地球は一つだ。欧州は〝軍事活動の舞台〟ではなくわれわれの共通の家である」

この演説は英国のみならず世界中のマスコミが取り上げ、大きな反響を呼んだ。この反響に驚いたゴルバチョフは回想録の中で「全く予想もしないことが起こった」と記している。

ゴルバチョフは「鉄の女」と呼ばれたマーガレット・サッチャー（首相）と会談したが、その後、サッチャーはゴルバチョフについて、これまでのソ連の指導者と違う印象を受けた。会談後、「私はゴルバチョフさんが気に入りました。私たちは彼となら取引ができるでしょう」との感想を漏らしたと伝えられる。

サッチャーのゴルバチョフ観がレーガンに伝達され、レーガンのゴルバチョフに対する見方が変わったとも言われる。この訪英に同行したライサ夫人が、英国の閣僚たちと英文学や哲学をテーマに意見を交換し、彼らを驚かせた、とゴルバチョフは回想録で回顧している。

ゴルバチョフ夫妻は八七年三月末のサッチャー訪ソ（英首脳の訪ソは十二年ぶり）の答礼として、英国を再び訪れた。今度はソ連の最高指導者としてであった。サッチャーはゴルバチョフを温かく迎えた。ゴルバチョフ夫妻はエリザベス二世女王とロンドン西郊のウィンザー城で初めて会見した。首脳会談でサッチャーはペレストロイカのもつ「先見性と大胆さ」を高く評価し、それを「平和革命」と呼んだ。会談後の記者会見でサッチャーは「グラスノスチや政治改革は当初の予想よりはるかに速いテンポで進んでいる。こうした偉大な歴史的実験を支援すべきだ。ゴルバチョフ氏は今までのソ連の指導者と違う。彼には政治改革に必要な大胆さ、洞察力、勇気がすべて備わっている。経済改革が実を結ぶためには、人民が積極的に協力しなければならないだろう。英ソ関係はこの四年間に完全な変化を遂げた。もっともっとビジネスの相手としたい」とゴルバチョフを持ち上げた。

ゴルバチョフの人物像の説明の終わりに、彼の青年時代と後年のペレストロイカとの結び付きをここで考えたい。既述のようにゴルバチョフはフルシチョフ時代に多感な青年時代を送った。このことが、ゴルバチョフがソ連の最高指導者になったときの発想や思考に大きな影響を与えたとしても不思議ではない。

池田との対談の際、ゴルバチョフは次のように回想した（『二十世紀の精神の教訓・上』前出）。

「社会主義の現実が理想とかけ離れているということは、学生時代から気づいていました。しかし、申し上げておかねばなりませんが、私たちの世代は、社会主義の理想を信じ続けていました。あらゆる不幸は、社会主義を『歪曲《わいきょく》』したところからきているのだと、思っていました。ペレストロイカの動機となったのも、『現実を理想と合致させよう。〝社会主義の変形〟をなくそう』という、学生時代に、私たちの世代の中に生まれた願いだったのです。ですから、私たちは、正確な意味での反体制派ではありませんでした。むしろ、現実的社会主義の修正主義者であり、その刷新を目指していました」

そこで、池田は尋ねた。「青年時代の〝一念〟の中に、大いなる転換の萌芽があったと……」

ゴルバチョフ「正直に申し上げます。ソ連共産党書記長に就任した八五年三月から始まった私の行動は、どれもが、私の性質や人生観、人生経験を反映した、自然の帰結だったのです。ええ、確かに、私が書記長になったとき、選択の可能性はありました。私が継承したシステムを、そのままの形で維持することもできました。あるいは、改革を始めることもできました。

もっとも、私が最初の道を行けば、これまでの醜悪で、低劣な、あらゆるものの人質となってしまったでしょう。異端分子の弾圧を組織し、政治犯を獄につなぎ止め、少しの自由思想に対しても、イデオロギー上の検閲を続けなければならなかったにちがいありません」

ゴルバチョフは、「ペレストロイカを批判する人びとの最大の不幸は、記憶の欠如があります」と一番肝心な点を強調する。

「八五年までの国内の道徳倫理、精神状態が、どのようなものであったのか、なかにはきれいに忘れてしまった人もいるでしょう。八二年のブレジネフの死以後、相次いだ書記長の葬儀。支配層の明らかな道徳的、精神的退廃。あまりにもかけ離れてしまった、教育水準と知識層の精神的・知的欲求、そして巨大なプロパガンダ・マシーンで植え付けられたマルクス主義思想。国家のマルクス・レーニン思想は、現実との矛盾にぶつかってしまいました。マルクス主義によって約束された『資本主義の腐敗』の代わりに、日本をはじめ西側先進諸国では、前代未聞の科学技術の進歩が遂げられました。ペレストロイカより以前、八〇年代初めまでには、〝大規模集団生産というマルクス思想の正しさが証明された国はない〟ことが、明らかになっていました。どんなことをしてでも、『鉄のカーテン』を維持し、ソ連国民を有害な西側の影響から守ろうとする姿は、全くの時代錯誤と映っていました」

ゴルバチョフは続ける。

「ペレストロイカを進めた、もう一つの要因で、現在、あまり評価の対象になっていないものがあります。それは、七〇年代から八〇年代前半にかけて、東欧の社会主義諸国が、西側諸国よりもはるかに大きな影響を、ソ連の精神的、政治的状況に与えていたということです。六八年のプラハの春、カダルの改革（五六年のハンガリー動乱後、「人間的」社会主義政策を掲げ政権に就いたカダルの改革）、八〇年夏のポーランドの事件（自主管理労組「連帯」の政治運動）は、ソ連の知識人を目覚めさせました。彼らは、東欧諸国で起こっている改革の動きを観察し、せめて、隣国の知識人がもっている権利と自由くらいは、手に入れようとしました。繰り返しますが、八五年三月に、私が共産党書記長に選ばれたとき、私に、改革を始めるかどうかという選択の余地は、もはやありませんでした。私が、改革を呼びかけるようになったのはもっと以前からです。八四年十二月、学術実践会議で『躍動する大衆創造活動』と題する報告を行ったときでした。そのとき既に、アレクサンドル・ヤコブレフ（一九二三年〜、政治家、歴史学者）やワジム・メドベージェフ（一九二五年〜、歴史家・評論家）、ナイリ・ビッケニン（一九三一年〜、改革派ジャーナリスト）など、未来の改革のために、思想的に結ばれた同志が、危険を冒して、私のところにやってきたのです」

東欧の改革がソ連の知識人を目覚めさせたという指摘は、当時、ソ連指導部の一員だったゴルバチョフならではの観点である。

いずれにせよ、紹介したゴルバチョフ発言は、過去の歴史を踏まえた十分な検証なしに、やみくもに、ペレストロイカが失敗であったと主張する無理解な「忘れっぽい」インテリたちへの告発である。

2. 新書記長誕生——ライサとともに

党書記長は党中央委員会総会で選ばれるが、総会前の政治局会議で決定したうえで、総会に諮られる。総会では政治局の決定がすんなり通るシナリオができていたようだ。政治局会議でどのように一人に絞るのか、そのメカニズムは全く不明である。

八五年三月十一日の政治局会議ではゴルバチョフとビクトル・グリシン（モスクワ市党第一書記）やグリゴリー・ロマノフ（中央委書記）が争ったというもっともらしい説が当時、西側で流布された。しかし、あらかじめ根回しが行われていて、満場一致でゴルバチョフが選出されたというのが真実である。

ゴルバチョフをまず推薦したのは、そのライバルと目されたグリシンであり、長老グロムイコだったと言われる。中央委総会ではグロムイコが「ペーパーなしに」ゴルバチョフ推薦演説を行った。

「グロムイコがゴルバチョフの名前を挙げると、会場から爆発的な拍手喝采が巻き起こり、それは波状的に続き、長い間収まらなかった」とゴルバチョフの国際問題補佐官アナトーリー・チェルニャーエフ（二一年～）は書き残している。アンドロポフを選出したとき以上の喝采だったという（拙訳『ゴルバチョフと運命をともにした二〇〇〇日』アナトーリー・チェルニャーエフ、潮出版社、'94・4刊）。

社会一般はもちろん、党内でも、老人政治（ジェロントクラシー）にあきあきし、若手待望論が根強かった。ゴルバチョフへ期待をかける空気が盛り上がったようだ。

「同志諸君、この人物は素晴らしいほほ笑みとともに、鉄の歯をもっている」というグロムイコの言葉はよく知られている。グロムイコは回想録の中でゴルバチョフについて次のように書き残している。

「三年間で国家は三人指導者を失い、われわれ指導部はひどい緊張状態にあった。（中略）もちろん、次の仕事は新しい党書記長を選ぶことだった。手続きの第一歩は政治局の仕事で、全員一致でゴルバチョフを候補とし中央委員会がこれを承認するよう要請した。八五年三月の緊急中央委総会で政治局を代表して私が提案を行い、総会は満場一致でゴルバチョフに賛成投票した。書記長選出の以前からミハイル・ゴルバチョフは既に党内で大きな権威を持っていた。国全体にその名は知られていた。七年近くもモスクワで党内最高ポストについていたのだ」

ソ連以外の国、とりわけ西側で、ゴルバチョフの言動は次第に注目されるようになった。ペレストロイカの進展とともに、「ゴルビー」の愛称で呼ばれ、「ゴルビー・ブーム」とでもいうような風潮が世界中に広がるのにそれほど時間はかからなかった。日本でもソ連に比較的無関心だった世論がゴルバチョフのソ連に関心をもち始めた。ロシア語ブームさえ起きた。ロシア語学習熱がピークに達したのはペレストロイカの時代であった。

われわれはこのままではいけない

さて、前任者チェルネンコが病死した三月十日の午後十一時、党政治局会議が緊急招集された。葬儀委員長には、長老のグリシンの推薦でゴルバチョフが選ばれた。葬儀委員長に任命されたということは、チェルネンコの後継者はゴルバチョフであるとの暗黙の了解が成立したことを意味する。

会議を終えてゴルバチョフがモスクワ郊外のダーチャ（別荘）に戻ったのは午前四時ごろだった。夫人ライサにゴルバチョフは自分を書記長に選出するという提案が出るかもしれないと打ち明けた。そのときゴルバチョフは具体的に何を話したか覚えていないが、次の言葉は鮮明に記憶していると回想している。

「いいかい、僕は、何か成し遂げることができるだろうかという期待と信念をもってモスクワにやってきた。しかし、今のところ成果は少ない。だから、僕が何かを本当に変えようと望むなら、この提案を受け入れなければならない。もちろん、みんなが賛成したらの話だが。今までのやり方ではもう駄目なのだ」

ライサ・マクシモワはインタビューに答えて次のように興味あるエピソードを語っている（『ゴルバチョフとともに』ライーサ・ゴルバチョフ、山口瑞彦訳、読売新聞社、'92・3刊）。

「ミハイル・セルゲービッチは、とても遅くなって戻ってきました。当時、私たちはモスクワ近郊の別荘に住んでいました。私たちは庭に出ました。まだ春の気配さえない夜更けの空気に、何かただならないものが感じられました。三年の間に、国の最高指導者である書記長が三人も亡くなったのです。ミハイル・セルゲービッチはとても疲れていました。最初、彼は押し黙っていました、やがて口を開くと『明日、中央委総会がある。僕が党の指導者の後任になる話が出るかもしれない』と言いました。私にとって、まったく予想外のニュースでした。ショックだったと言ってもいいでしょう。それ以上に、夫にとっても驚きであることを、私は悟りました。第一、そういったことを、二人で話題にした覚えは一度もなかったのです。

私たちは、まだ雪の残る庭を歩き回りました。夫は再び黙り込みました。やがて、静かな、独り言のような声がしました。

『僕は長い間、スタブロポリで働いた。モスクワに来て今年で七年目。だが、何か実のあること、大がかりなこと、国が待ち望んでいることは何一つ達成できない。まるで壁を相手にしているようだ。しかし、それが世の中に必要なことは、もうずっと前から分かっている――ダメだ！』

私は彼の声を聞きました。『われわれはこのままではいけない』それが、その言葉を聞いた最初でした」

ゴルバチョフの回想とライサの言葉から、その夜の二人の情景が目に浮かぶようだ。ゴルバチョフの人となり、ゴルバチョフが行ったことを紹介する前に、少し引用が長くなるが、さらにライサの言葉に耳を傾けたい。

「そうです。それが、私がその言葉を聞いた最初でした。今日、その言葉は何百万もの人々によって繰り返され、その周囲には巨大な伝説が築かれています。私は、あの夜が、わが国と私の生活に根本的な変化をもたらした。新たな局面の始まりと言えるのではないかと思います」

「ペレストロイカの年月——それが私たちに与えたものは何でしょう？　それはとてつもなくたくさんあります。生活のあらゆる面に及ぶ民主化、国際関係面での新思考の到来、大統領と一緒に国内や国外を旅したとき、人々の感情と善意の海の中で私が見いだした最も重要なものは、戦争なしに暮らせる可能性を信じる心が、新たに生まれたことでした」

「ペレストロイカの年月は、私たちに多くを与えました。でも、同時にそれは、まだとても少ないと言えます。今、わが国は、試練、非常な試練の中にあります。何十年、いえ、恐らくは何世紀にもわたり積み上げられてきた諸問題があります。新たな道を見つける困難があります。消費物資の不足があります」

「それでもなお、大変に重要なことがあります。ドストエフスキーの言葉を借りれば、難問と変化の時代には、常にあらゆる種類の『汚物』が、そこらにころがっています。不幸なことに、私たちのペレストロイカも、その危険で破壊的でむしばむような『汚物』を避けることはできませんでした。でも、他に方法があり得たでしょうか？　全体としてそれは、希望と警鐘、達成と失敗の時であり、思考と疑問の時なのです」

ソ連のファースト・レディー

ここで、今は亡きゴルバチョフ夫人ライサについて若干補足しておきたい。ライサは九九年九月二十日、急性白血病のために入院先のドイツ北西部ミュンスター市内の大学病院で死去した。享年六十七歳だった。遺体は夫ゴルバチョフと娘のイリーナに付き添われて翌日午後モスクワに運ばれた。葬儀は二十三日モスクワのロシア文化財団で行われ、市内の有名なノボジェービッチ修道院墓地に葬られた。同墓地にはフルシチョフ、スターリン夫人ら著名人が多数眠っている。

ゴルバチョフ夫妻と数年にわたって親交のある池田は、モスクワのゴルバチョフ財団と滞在先のドイツのミュンスターのホテルに長文の弔電を打った。これに対して、二〇〇一年十一月十五日に東京で再会したゴルバチョフと娘イリーナは、池田に心からの謝意を述べている。

ソ連では男女平等という新しい社会主義の原則から、女性が男性顔負けの力仕事をする場面などを筆者はよく目撃したが、一方で男尊女卑の空気は強く、指導者の夫人は常に夫の陰に隠れて、家庭に閉じこもり、公衆の面前には出てこなかった。ブレジネフ夫人の場合も、夫の葬儀の際に、その喪服姿が遠くからテレビに映し出されて、あれが夫人かと認識したような次第であった。そうした長年のソ連の伝統の中で、ソ連のファースト・レディーとして脚光を浴びたのが、ゴルバチョフ夫人ライサであった。

先に述べたように、ゴルバチョフが党書記長に就任する前年十二月、ライサは夫とともに英国を訪問した。これが国際舞台への衝撃的なデビューで、連日、現地マスコミのスポットライトを浴び、英国の茶の間のスターとなった。そのほっそりしたスタイル、シックな装い、デリケートな物腰は英国市民を魅了した。

ライサは夫ゴルバチョフよりも教養があると言われた。大学時代から夫の「教養係」として、ともに文学、絵画や音楽に親しんだ。スタブロポリでの生活では夫妻そろって熱心な演劇ファンだったことが知られている。市内のレールモントフ（十九世紀のロシアの詩人、作家）劇場のプレミアショーはまず見逃さなかったという。向学心も旺盛で、スタブロポリ時代は市立教育大学の教壇に立つかたわら、一人娘イリーナの世話をしながら論文を仕上げた。三十四歳のときだ。六五年、哲学博士候補、助教授の資格をレーニン記念モスクワ教育大学から授与された。

ライサの学位論文のタイトルは、「コルホーズ農民の日常生活における新しい特性の出現について」で、サブタイトルは「スタブロポリ地方における社会学的調査に基づいて」。この論文はソ連での社会学的研究の草分けとして専門家の間で高く評価された。当時では珍しいアンケート調査を行い、じかにコルホーズを訪ねて追跡調査をしている。表向きは、農村における社会主義の成果をたたえているが、実際は農民の生活の悲惨さを暴露した内容だという。

七八年にモスクワに居を移すようになってライサはモスクワ大学のマルクス・レーニン主義哲学の講師に任命され、八五年夫が党書記長に就任するまで、大学で哲学を教えた。同時に、ソ連知識《ズナーニエ》普及協会という啓蒙団体に所属して活躍していた。

「ゴルバチョフの哲学好きはライサの強い影響によるものだと思う。この夫婦は愛情だけではなく、友人として結ばれている。ライサはゴルバチョフに自分の意見を明確に述べるようだ。しかし、ゴルバチョフがそれをどう受け止めているかは分からない」と元党機関紙「プラウダ」編集長フロロフは語った。

ライサに一目をおいていたゴルバチョフは家庭内で妻を「私のゲネラル（将軍）」と呼んでいたという。ゴルバチョフ自身も「私はいつもライサに助言を求めている。演説をする前に彼女が最初の聞き手になることがある」と語ったことがある。「彼女なくして、ペレストロイカは不可能だった」とも述懐している。

党書記長になってからの夫ゴルバチョフの外遊、国内遊説にライサはほとんど付き添った。

ライサはインタビューの中で次のように語っている。

「一九八五年、ミハイル・セルゲービッチの外遊と、外国元首のわが国への訪問をきっかけに、問題が一つ持ち上がりました。諸外国では、指導者の妻たちが、さまざまな公共、公式の場に参加するのが慣習となっています。でも、前任者たちはそうしませんでした。私たちはどうしましょう？『何でも自然にことを起こせばいいのさ』と、ミハイル・セルゲービッチは言いました。

こうして、全く自然に私たちは、世界中で受け入れられている慣習を採用しました。つまり、国家指導者の妻が公共の場に姿を見せ始めたのです。それは、最も重要なことには程遠いものの、まさにペレストロイカが導入した『自由化』のしるしの一つでした」（前掲書）

さらにライサはインタビューに応じるようになったいきさつを述べている。

「繰り返しになりますが、わが国では、最高レベルの指導者の妻たちが、とりわけ、自分自身についてインタビューに答えたり本を書いたりする慣習はありませんでした。西側の読者には、私が偏見を抱いているように映るかもしれません。でも、偏見もまた伝統であり得るのです。特に、こういった事柄の場合、大統領の妻は、大統領自身をはるかに超えて伝統を守るのが当然、とみなされているのです。でも私は今や、八五年以来守ってきた一種の『沈黙の約束』を破りつつあります。これは、やむにやまれぬ成り行きによるものなのです。（中略）加えて、ここ数年、世界でも国内でも、実にたくさんの、私に関する資料や記事や本まで書かれています。でも、その中では、全部が、必ずしも知り得た事実に基づいてはいません。また時として正確さが全く欠けていたり、創作や神話や、果ては中傷が、書かれていることの『根拠』になっています」（前掲書）

ゴルバチョフにいつも付き添うライサ。それまでのソ連では見慣れない光景であった。国内ではライサのことを〝小さな女帝〟と陰口をきいたり、「政治局のメンバーは十二人ではなく十三人だ。十三人目には同志ライサがいる」と言ったアネクドート（一口話）がささやかれたこともあった。西側の一部マスコミも「ソ連を動かす女帝」などと揶揄《やゆ》した。しかし、党幹部の人事や政策に彼女がクチバシを容《い》れたという証拠はない。

九一年夏の保守派によるクーデター未遂事件の際に、クリミア半島のフォロスの別荘でゴルバチョフともども軟禁されたときに、「私たちはいつもあなたと一緒です。連中の辞任要求を拒否したあなたの決定を支持します」と気丈に夫を支えたエピソードがある。不幸なことに、この事件でライサは精神的のみならず肉体的にも大きな苦痛を受け、後遺症に悩まされた。

ゴルバチョフの補佐官だったシャフナザーロフは「ライサ夫人のおかげでゴルバチョフは人間らしいソ連の指導者として世界で受け入れられた。夫人はソフトなソ連のイメージ作りに多大な貢献を果たした」と述べた。

ライサの夢は「海のそばにある暖かく小さな家で夫と静かに余生を送ること」だったという。その夢は、不幸にも病魔に襲われたため叶わなかった。ライサが重度の急性白血病で亡くなった直後、あるロシアの新聞は、ライサが少女時代を送ったロシア南部アルタイ地方がソ連の核実験場セミパラチンスク（カザフスタン）からわずか百キロしか離れていないことと関係があるのではないかと報じた。

同実験場では米ソが核軍拡競争を続けた四九年から八九年まで延べ五百回にわたる核実験が行われ、周辺住民は強い放射線を被ばくし、白血病に苦しんだ。九〇年代終わりの時点でも、約三十万人が放射能汚染の後遺症に悩まされているという。本当にライサもそのソ連の核兵器開発の犠牲者の一人だったとすれば、これは大いなる悲劇だ。夫ゴルバチョフは東西冷戦を終わらせ、熾烈《しれつ》な米ソ核兵器競争に歯止めをかけるため懸命に働いたからである。

最後に勝利する人とは

生前ライサと五回も会って心を通じ合った池田は次のように回想している(『人生は素晴らしい』池田大作、中央公論新社、'04・1刊)。

「あるとき、ライサ夫人が、しみじみと言われた。『この数年間、私たちは生き抜いてきたのです。よくぞ生きてこられたと思います。生き延びるように頑張ってきたのです』

大統領を追い落とすための『クーデター未遂事件』(九一年夏)では、一家全員が殺害されるかもしれなかった。大統領の座を去った後も、ご夫婦に対し『今のロシアの混乱は、あいつらのせいだ』『余計なことをしやがって』等、心ない非難が続いたようだ。経済的に、わざと夫妻を追いつめるような『いやがらせ』もあったと聞く。そのうえペレストロイカの功績を抹殺《まっさつ》しようという動きさえも」

「ライサさんは『かつて私は〝事実と歴史は不変のもので、誰も反論できないはず〞と思っていました。しかし、現実は、歴史家が見たいと思う歴史だけが書かれ、〝事実さえも、ゆがめられる〞ことが、今分かりました』『人生は耐えること、耐えることの連続です』とも言われた」

「ライサさんは明快であった。『主人は苦しみや、裏切りを味わいました。しかし、世界のために戦い続けました。自分のためではないことは、そばにいて、私が証明できます。裏切った人たちは、結果的に悪くなっています』と」

「ライサさんの平和主義は徹底していた。『たとえ侵略者を懲罰するためであっても、戦争はよ

会談（下）

'97年11月18日、大阪ドームで開催されたSGI第17回世界青年平和文化祭を鑑賞するゴルバチョフ夫妻（6回目の会談）

'97年11月20日、大阪・交野の関西創価学園。しだれ桜の記念植樹をするゴルバチョフ夫妻（6回目の会談）

'03年3月22日、ゴルバチョフは、娘・孫娘共々、聖教新聞社に。中学生たちがゴルバチョフの青年時代に愛唱した歌を合唱。一緒に歌いだした（8回目の会談）

くありません』『私は〝普通の人間として〟考えて、〝核兵器は不可欠だ〟という思想は、おかしいと思います！』だれに対しても、はっきりそう語った。彼女は『本物の知性』をもっていた。もって回った詭弁ではなく、人を殺してはいけないという『普通の人間としての道義』こそが大事なのだと知っていた」

最後にライサの人生観を示す言葉を紹介したい。生前最後の来日の際の関西創価学園（大阪・交野市）でのスピーチ（九七年十一月二十日）の一部である。

「……人生には、様々な痛手を受けることも、心の傷が癒《い》えぬこともあります。必ずしも、夢のすべてが実現するわけでもありません。しかし、『達成できる何か』はあります。何か『実現できる夢』は必ずあるのです。ゆえに、最後に勝利する人とは、たとえ転んでも、立ち上がり、再び前へ進む人です。そして、そういう闘いを貫けるかどうかは『心』で決まるのです。『死』を迎えるのは、『疲れた人間』ではありません。『歩みを止めた人間』なのです。きょうはまだ若いと思っていると、あすには成熟期を迎える――人生とはそういうものです」

池田はこれを、忘れられないライサの「遺言」だと書き記している。

ゴルバチョフ夫妻はこのとき、学園の庭でしだれ桜を植樹した。ゴルバチョフは「私は農民の出なので、得意なんですよ」と自らシャベルで土を盛り、ライサは水をかけた。九三年四月来日の際に植樹された創価大学（東京・八王子市）構内の「ゴルバチョフ夫婦《めおと》桜」とともに、「ライサの桜」は毎年、美しい花を咲かせているという。

第４章　ペレストロイカとグラスノスチ

1. 停滞のソ連からの脱却

かつてフルシチョフ時代を象徴する言葉と言えば「雪解け」であった。ゴルバチョフ時代を象徴する言葉は何か。少なくとも三つある。ペレストロイカ、グラスノスチおよび新思考外交である。

この三つについては、既に数多く書かれ、ゴルバチョフ自身も膨大な『ゴルバチョフ回想録・上下』(ミハイル・ゴルバチョフ、工藤精一郎・鈴木康雄訳、新潮社、'96・2刊)で詳しく論じている。

限られた紙面で、この画期的な政策を詳しく解説することは、屋上屋を架《か》すに等しい。

しかし、われわれ二十一世紀に生きる者として、前世紀末のゴルバチョフ時代の歴史的な業績をしっかりと把握しておくことは絶対不可欠であると確信する。そして、そのためにも、その総括は、やはり避けて通れないことだと考える。なるべく、比較的知られていない(あるいは、もう忘れられかけている)ゴルバチョフの言葉や第三者の見解を引用しながら、大枠の基礎的な諸点をつかんでおきたい。

第一に、ペレストロイカという言葉の意味は何か。ロシア語で、ペレとは「再び」を意味する接頭語である。ストロイカは「建設」とか「建築」の意味だ。したがって、ペレストロイカとは新語でも何でもなく「再建設」を表す普通名詞だが、ゴルバチョフ政権の進めた革命的政策「ペレストロイカ」の邦訳としては、「立て直し」「再編」あるいは「世直し」が適当だと思う。

ついでにグラスノスチについて言えば、これも普通名詞で、ゴーロス（声）から来ている派生語。「声を出して何でも言える」ことだ。邦訳には「情報公開」「公開性」、あるいは「言論の自由」などと意訳される。

グラスノスチ政策導入の直接的きっかけとなった事件が八六年四月に発生した。例の大惨事となったチェルノブイリ原発事故である。事故の真実がなかなか公表されなかった。このため、クレムリンはこの大事故を意図的に隠そうとしていると西側はゴルバチョフ政権を厳しく非難した。実際は、ゴルバチョフにすら現場から事故報告が届くのが遅れていたのである。チェルニャーエフは次のように書き留めている（拙訳『ゴルバチョフと運命をともにした二〇〇〇日』）。

「チェルノブイリ直後とそれ以後、わが国でも世界でも、ゴルバチョフとソ連指導部全般のとった立場に関してありとあらゆるたわごとがたくさん書かれた。あたかもすべてをもみ消し、国民と世界の世論から真実を隠し、情報を捏造《ねつぞう》しようと望んだかのように。（中略）私は政治局のすべての会議と、チェルノブイリを審議したいくつかの専門家会議に出席した。（中略）私が証言できるのは、指導部の誰からも、当時流布していた非難の類いを想起させるような試みも、また意見すらも一切なかったということである。問題は別のところにある。実は、われわれの最高指導部でさえも、原子力事業にかかわるすべてのものの複雑さと困難さを十分に認識していなかったのである。（中略）改めて確認されたのは、軍産複合体は実質上、国家の中の国家であるということだった。原子力・核事業はこの『国家』の中でとりわけ特権的な地位にあった」

チェルニャーエフはこう書いた後、チェルノブイリ事故に関する非公開のゴルバチョフの数多くの発言（正確でタイムリーな情報の欠如や現場の無責任を指摘したもの）を直接引用している。ゴルバチョフ指導部はこの事故を反省材料として、グラスノスチの必要性を一段と強調するようになった。

グラスノスチは「言論の自由」のことでもある。民主社会の基本原則である。ゴルバチョフ以前のソ連社会には「言論の自由」はなかった。筆者が常に、ゴルバチョフ以前と以後を峻別すべきだと主張する理由はここにある。

コインの表裏関係

筆者はよく例え話で、「ペレストロイカとグラスノスチはコインの表と裏だ」と説明する。この二つが合わさって、一九一七年のロシア革命に次ぐソ連・ロシアにおける歴史的な「第二の革命」が遂行されたのである。しかも「上からの急進的な革命」であったが、流血の「暴力革命」ではなかった。

ゴルバチョフの目指したペレストロイカとはいったい何であったのか。ゴルバチョフ政権発足当初からペレストロイカに踏み出したわけではない。最初の約一年間の「経済のウスカレーニエ（加速化）」がうまくいかなかったため、八六年春から意識的にゴルバチョフが先頭に立って推進した政策、それがペレストロイカであった。

筆者はゴルバチョフの発言を丹念にフォローし、主要項目別に編集したゴルバチョフ語録『ゴルバチョフはこう語った』を八八年に上梓した。その中で、筆者は八六年四月八日トリアッチ市でのゴルバチョフ演説が「世直し」としてのペレストロイカを打ち出した最初だったと指摘した。ゴルバチョフは次のように語った。

「社会生活のすべての面での抜本的なペレストロイカの道を行くことに反対であるとの声を聞くことはめったにない。圧倒的多数の人びとは、変化のときが実際にきていると本当に考えている。もはや党の計画を言葉で支持するだけでは不十分である。それを遂行するための具体的な行動が必要だ。新しいやり方で活動することが必要だ。速やかにペレストロイカを開始し、労働における新しい方法、新しいアプローチを習得しなければならない」

次に、同じく八六年七月三十一日のハバロフスクでのゴルバチョフ演説を引用する。

「現在のペレストロイカは経済だけではなく、社会生活の他のあらゆる分野や——社会関係、政治体制、精神・思想分野、党とすべてのわが要員の活動のスタイルと方法にもおよんでいるのである。ペレストロイカはあらゆるものを包含している言葉である。私は、ペレストロイカという言葉と革命という言葉の間にイコール符号をつけたい。四月総会と第二十七回党大会の諸決議に定められたわれわれの変革と改革こそ、社会関係のシステム全体や人びとの頭脳と心、現在の心理と理解、何よりもまず急激な科学技術の進歩にともなって出てきた諸課題の心理と理解における真の革命なのである」（傍線は筆者）

ゴルバチョフ自身、「ペレストロイカは革命である」と主張し、「社会生活全般でのペレストロイカ」「思考のペレストロイカ」を力説した。つまり、国民の意識改革の必要性を訴えているのだ。

ゴルバチョフはまた、このハバロフスク演説の中で次のようにも言っている。

「ペレストロイカは野心に燃えた指導的立場にある個人なりグループなりによって気まぐれに考え出されたものではない」

「ペレストロイカは停滞した状態を排してブレーキ現象を打ち破り、信頼のおける効果的なメカニズムを作り出し、社会・発展をスピードアップし、大きな活力を与えようとするものである」

「ペレストロイカは、その本質的性格を考えるとき、社会主義の飛躍的発展を目指す革命的プロセスである」

八七年一月二十七日の党中央委総会での長大な演説でもゴルバチョフはペレストロイカについて触れ、その現実性を次のように強調した。思うように進まないためか焦りのようなものもうかがわれる。

「（ペレストロイカ以外に別の道はあり得ないと述べた後）ペレストロイカが必要か否かという討論はここで終わらせねばならない。（中略）確かにペレストロイカは、もはや現実である国内発展の見地からも、外的条件、国際環境の見地からも、わが国の社会・経済発展の加速を保証しなければならないことを、今やわれわれは、一層明確に理解している。しかし、社会の刷新なしに加速はあり得ない。全く同様に社会の刷新なしに、その生活のすべての領域のペレストロイカはあり得ない。古いアプローチでは新しい問題は解決できないし、ましてや、今日提起された歴史的規模をもつ課題は解決できない。ペレストロイカ――それは舗装された道での散歩などではなく、しばしば前人未踏の細道を進む登山のようなものである。（中略）われわれは第一歩を踏み出したに過ぎない」

あえて改革を

ゴルバチョフ政権になって、「ブレジネフ時代は停滞の時代」と言われた。停滞の時代は、ゴルバチョフ政権が誕生するまで、さらに三年間続いた。

ゴルバチョフは、前任者たちと同じように党書記長の椅子にふんぞりかえって権力を行使しておればよかったかもしれない。ゴルバチョフ以前は、党書記長の権限は絶対で批判は決して許されなかった。何も新しい事業を始めなくても、従来のレールに乗って仕事を続けておれば、二十一世紀の今なお、ソ連は存続し、この超大国の最高指導者として君臨できたはずである。死ぬまで安泰だったかもしれない。

しかし、彼はそうしなかった。最高指導者となったゴルバチョフは国と社会をこの「停滞」からいかに脱却させるかに日夜、腐心した。最終的には、歴代指導者と違って「余計なことをしたばかりに」彼は政敵たちからその地位を追われたのだ。これを賢明と言うべきか、愚かなピエロと言うべきだろうか。ロシアではゴルバチョフの評価はいまだに低く、かなりのゴルバチョフ批判の声も聞かれる。ソ連解体後、自分たちの生活が苦しいのはゴルバチョフのせいだ、ゴルバチョフがソ連を崩壊させたのだと、信じ切っているロシア人も少なくないという。

ゴルバチョフは池田との対談集『二十世紀の精神の教訓・上』で、「ソ連の改革」が「上から」のものであった必然性について次のように語った。

「(党書記長に選ばれた八五年三月)当時、ポーランドにおいては、反体制知識人たちが、常に独立の立場を保ってきた教会の力強い支援を得て、共産党に社会主義の刷新を促し続けていました。そこでは、民主改革の主体は、もちろん、反対勢力でした。ところがロシアは違いました。改革者自身がソ連共産党の内側にあったのです。彼らは、変化を期待する社会の変化をより所としながら、言論の自由を与えることで、自ら反対勢力を形成したのです。その結果、改革派も、ペレストロイカに反対した社会・共産主義者も、そして、急進的民主派も、政界のあらゆる勢力が皆、ソ連共産党のノメンクラトゥーラ(特権階級)から出ていきました」

「これらのことを総合的に見ていくとき、ソ連邦の改革は、第一に、党幹部のイニシアチブによって、つまり『上から』のみ始まり得たということ。第二に、改革の初期には既存の体制の枠内で、その体制をより完成されたものにする、という方向性を打ち出す以外になかったこと。第三に、全体主義の土台を内側から洗い流すという方法で、漸進的改革を行うことが成功を期待できる唯一の現実的選択だったこと、が理解できると思います」

ゴルバチョフはまた、ペレストロイカに踏み切った決断について次のように述べた(『二十世紀の精神の教訓・下』前出)。

「ソビエトの人びとは、遅かれ早かれ、精神的な眠りから覚醒《かくせい》し、この(スターリン時代の)恐怖心を脱ぎ捨てて、本当に思っていることを声に出して話すことを、そして、無実に苦しむ人びとを弁護し、体験を語ることを、学ばなければならなかったのです。それは自由になるための覚醒です。私は、外でもない私と志を同じくする友人たちとともに、わが国がこの氷点から一歩踏み出し、漸進的民主改革を目指すところまで、幸いにも、事を成し得ました。私はそれだけで幸福です」

池田はこのゴルバチョフ発言に対し、的確に応じた。

「そう言い切れること自体が、勝利です。栄光です。ペレストロイカを推進したあなたは、ロシアの民主化への過程で、ソ連共産党書記長という絶大な権限を有する自らの権力基盤を切り崩すかもしれないことを承知していながら、あえて〝火中の栗〟を拾おうとされた。その勇気は、万人が認めるところでしょう。(中略)後世の史家、例えばチェコのV・ハベル大統領が『ゴルバチョフは典型的官僚として、そのポストに就いたが、真の民主主義者としてそのポストを去った』と語った、その評言の正しさを立証するであろうと、私は信じております」

本書も、そうした「評言の正しさ」を証明する資料となることを筆者は期待したい。

また、ゴルバチョフはペレストロイカが歴史的な実験であったことを次のように述べている（『二十世紀の精神の教訓・上』前出）。

「ペレストロイカ、グラスノスチ――『上からの』新ロシア革命――を始めるに際して、私たちにその後の行く末が詳細に見えていたか、民主改革がもたらし得るすべての否定的影響を予見できていたか、という点について、一言述べたいと思います。設問を置き換えれば、『全体主義的共産主義』を『民主主義』に転換する方法、『ソビエト式計画経済』を『市場経済』に転換する方法を知っていた人間が、果たして一人でも、当時の世界に存在したであろうかということです」

「覚えていらっしゃいますか。ソ連が民主改革を行う可能性を、誰よりも信じなかったのは西側諸国でした。例えば、米国のクレムリン研究者たちは、長い間ペレストロイカを本気にしていませんでした。そのような先見の明をもった人はいませんでしたし、いるはずもありません。なぜなら、それまで人類は、共産主義から民主主義への移行を、歴史上経験したことがなかったのですから。このような条件のもとでは、失敗や誤算を完全に回避することなど不可能だったとも思えます。それでもなお、ペレストロイカがもたらしたあらゆる否定的な過程に対して、私はその道徳的責任を感ぜずにはおれません」

「ドストエフスキーは『悟性は、知り得たことのみを良く知る』と言いました。まさにこの理由で、あらゆる見通し、戦略計画というものは不完全であり、人間の先入観や時代の幻想を、色濃く投影させているのだと思います」

この発言を「ペレストロイカの失敗」に関するゴルバチョフの弁明と受け取るべきではないと筆者は思う。「ペレストロイカのバランスシート」は、歴史的に見て、「すべて失敗」ではなく、圧倒的に「成功の部分」が多かったからである。

アイトマートフの見解

前記の作家アイトマートフはペレストロイカの意義について池田への書簡の中で、次のように書き記している（『大いなる魂の詩・上』前出）。

「現在、ペレストロイカは、左右両陣営から、そしてホームレスのような人たちからまじめな勤労者までが一様に激しく罵《ののし》っていますが、このペレストロイカこそが、全体主義と共産主義の考え方の虜《とりこ》になってしまっていた私たちを目覚めさせ、救ったと言わざるを得ません。（中略）ペレストロイカが私たちを救った――私は、ペレストロイカに向かって幾つもの石が投げつけられていることを十分承知したうえで、あえてこう申し上げたい。あたかもキリストがそうであったように、ペレストロイカは、その最後の息が絶えるまで、自らが光と自由を与えたその人びとによって罵《ののし》られ、踏みつけられながらも、自らの使命を貫いていると思うからです」

「歴史的改革の途上にあって私たちが気づき、そして、今求めてやまない民主主義、個人の尊厳、民族と国家の主権は、まさに運命に導かれて歩みだしたペレストロイカのこの道によって到達可能となると思うのです。ペレストロイカ——それは、第二の一千年の締めくくりにおける人道主義の顔であり、それは私たちが人類に贈る高貴な貢献なのです」

アイトマートフはまた、「ゴルバチョフに語られた寓話」という書簡を池田に送っているが、その中で、三年前（八九年）の一つのエピソードを語っている。

「その日、ゴルバチョフは私を呼び出した。（中略）ただし水面下では、右からも左からも、民主派からも党官僚からも、見えざる不満と批判の声が次第にあからさまになり、強まっていた。それぞれの人間には、それなりの言い分も理由もあった。国の経済が慢性的な低落傾向にあったことも大きく影響していた。ゴルバチョフの心のうちがあまり穏やかでないことを、その時、私はすぐ感じ取った、彼はいつものように落ち着いて、にこやかに応対し、彼の瞳は〝ゴルバチョフ光線〟とでも言うべきあの輝きを時折放っていた。にもかかわらず、彼の顔には心痛の跡が刻まれていたのであった。（中略）『ペレストロイカの嵐が私たちを翻弄《ほんろう》しています。民主主義がこんなに時間を使ってしまうものだとは思いませんでした』（とアイトマートフ）。『分かります。とてもよく分かります』考え深げに、また同情するような笑みを浮かべて、ゴルバチョフは相槌を打ち、語った。『ええ、確かに時間がありません。しかし、同時に、別なもの——とても大事な心の発見があります。どんな思考も追いつけないような時代が開けたのですから。芸術家も、哲学者も、政治家もそして、あらゆる人びとがいうべきことを持っているのです」

そしてアイトマートフは「東洋の寓話」をゴルバチョフに聞かせた。受難者の話だが、もちろんゴルバチョフをなぞらえたのであった。最後にゴルバチョフは答えた。

「言わんとすることは分かっています。(中略)私はもう選択をしてしまったのです。どんな犠牲を払うことになろうとも、私の運命がどんな結末になろうとも、私はひとたび決めた道から外れることはありません。ただ民主主義を、ただ自由を、そして、恐ろしい過去やあらゆる独裁からの脱却を――私が目指しているのは、ただこれだけです。国民が私をどう評価するかは国民の自由です……。今いる人びとの多くが理解しなくとも、私はこの道を行く覚悟です……」

ソ連の指導者の座を降りたゴルバチョフ自身、このエピソードを思い出して言った(『二十世紀の精神の教訓・上』前出)。

「あのときに、わが友人チンギス・アイトマートフに語った言葉は、今でも繰り返せます。『民主主義しかない、自由しかない』と。自分の志を違《たが》えたことはなかったし、これからも違えることはないでしょう。後悔は何もありません。わが国の民主改革の端緒を開いた、それこそ、私の何よりの成果です」

「率直に言いましょう。私は、肉親や友人の目をまっすぐに見つめて、何も恥じることはありません。ロシアを恐怖から、そして政治犯を収容所から解放し、一国を一つの大きな監獄にしてしまった鉄のカーテンを打ち破った。それこそ生きてきた甲斐があったというものです。わが国の青年たちの考え方を見てください。率直で、自由な思考をしています。世界中の文化が、彼らの手の届くところとなったのです」

「ペレストロイカ以前は、非常に厳しい検閲が行われていました。マルクス・レーニン主義の分析、ましてや批判は禁止。革命前の観念論哲学も禁止。亡命者文学もご法度、ソルジェニーツィンは発禁。良識もだめ。これらはすべて不条理を維持するためでした。そしてこれらは、わずか三、四年の間に破れ去ってしまったのです。グラスノスチは真に民主革命であり、精神の革命でありました。もし私が、これまで踏みならされてきた道を選んでいたとしたら、私の人生はどうなっていたでしょう？　権力、ひたすら権力？　特権の満喫？　しかし、そんなことに興味はありませんでした。そういう例はこれまでにいくらでもあったし、ブレジネフ時代に間近に見ていました。そして、何よりも、私が政権の座に就いたのは、これまでの繰り返しは、もう許されないようなときだったのです。民衆は、沈滞の時代と、公の馬鹿げたデモ行進に疲れていたのです。今までの繰り返しは、将来の死、退化の兆候として、受け取られるようになっていました」

ペレストロイカは反スターリン主義

ゴルバチョフは別のところで「ペレストロイカの精神の本質とは、反スターリン主義なのです」とも語っている。かつてのソ連の最高指導者の口から出た言葉とは信じられないくらいである。

ところで、池田はアイトマートフへの返信の中で、次のようにペレストロイカおよびゴルバチョフについて所見を記した。これは九一年八月の保守派による反ゴルバチョフ・クーデター未遂事件直後の時点で書かれたものである。

「当時も今も、ゴルバチョフ大統領やペレストロイカに対して、あまりにも浅薄な意見が多すぎます。ペレストロイカは終わったとか、左右のバランスに乗ったゴルバチョフ流保身術の破綻《はたん》とか、ひどいのになると、クーデターの背後に大統領がいたというゴルバチョフ黒幕説まで、実にさまざまでした。少々、あきれるほかなかったのですが、私には、それらの意見は、自分がそのような次元、そのような貧しい発想でしか行動したことがないからこそ生まれる——日本の諺で言えば、〝カニは自らの甲羅に似せて穴を掘る〟たぐいのものにしか見えなかったのです。ソ連最高会議議員のブルラツキー氏も東京でお会いしたとき言っておりました。ゴルバチョフはあえて〝火中の栗〟を拾わなくても、ソ連共産党書記長という絶大な権力の座に居座り続けようと思えばできたのです——と」

「グラスノスチを徹底することによって、そうした（民衆への、民衆相互の）不信感を信頼感に変えようとしたところに、ゴルバチョフ大統領のペレストロイカの本領があったと私は信じております。グラスノスチとは無味乾燥な公式見解ばかりの壁をたたき破って、言葉に対する信頼感を回復させることであり、それは、とりもなおさず、人間同士の信頼回復へとつながるものでした。わが国のある識者は、歴代の主な共産党書記長に、こうネーミングしました。スターリン・恐怖王、フルシチョフ・猪突王、ブレジネフ・停滞王、そしてゴルバチョフ・善良王と。言葉を信じ、人間を信じ、それを基盤にしたソフト・パワーをもって社会変革のエネルギーにしようとしたゴルバチョフ大統領をして『善良王』とは、言いえて妙だと思います」

ペレストロイカは失敗したとの批判がある。また、「ゴルバチョフがソ連を崩壊した」と曲解する向きも少なくなかったし、今なおそう信じている者がいる。しかし、率先して、ソ連を解体したのはエリツィンら、ゴルバチョフに敵対し、彼を支えるつもりのなかった者たちであったという事実は、きちんと認識しておかねばならない。米国など西側から「ソ連帝国を歴史から消滅させた」と称賛されるため、そして、「クレムリンの主になりたい」という自らの権力欲のため、である。いずれこのことは後世の歴史家が正しく判断するものと筆者は確信している。

「ペレストロイカの設計者」と言われたアレクサンドル・ヤコブレフ（二三年〜）は著書の中で、ペレストロイカについて次のように書いている。

「ペレストロイカは、人間性、良識、経済的効率、精神的健全化という原理に基づいて、社会の本質的な改革のために立ち上がった。実際のところ、ペレストロイカは、ロシアの社会運動の中に初めから存在していた二つの傾向のうち一つを受け入れ、それを強力に前進させた。それは、指導部に都合のよいドグマや公式の中に生活を強制的にはめ込むという支配的傾向に対するところの改革主義、教化、最大の博愛という傾向であった」（『マルクス主義の崩壊』アレクサンドル・ヤコブレフ、井上幸義訳、サイマル出版会、'94・2刊）

歴史学者ドミトリー・ヴォルコゴーノフ（二八年〜九五年）は「ゴルバチョフは沈みかけた船のデッキから飛び降りることができず、レーニンの一枚岩の崩壊という苦い杯を飲み干すこととなった」と書き、ゴルバチョフを批判した。（『七人の首領・下』ドミトリー・ヴォルコゴーノフ、

生田真司訳、朝日新聞社、'97・10刊）

確かに、九一年夏の保守派クーデターの後、ソ連共産党を解体する前後にゴルバチョフは党書記長を率先辞任すべきであったという説が聞かれた。

しかし、よく考えてみよう。沈没する船から真っ先に海に飛び込む船長がいるだろうか。自分だけさっさと辞めて一千万人党員を置き去りにし、裏切るようなそんな無責任なことが、ゴルバチョフにできるとは到底思えないのである。最後まで党員と行動をともにするよう努力する、それが責任ある党首というものではないか。

最後に、新しい指導者ゴルバチョフの苦しみを代弁したチェルニャーエフの言葉を引用する。

「彼は賢くて、誠実で、良心的で、情熱の人だった。経験にたけ、同時に『上から下まで』の機関のゲームの達人で、すべて改善し、すべて完全なものとし、不条理や醜悪さにピリオドを打とうとした……。もっといい生活をするにはどうしたらいいかということで、幾つかのアイデアが彼にはあった。だが、その場合、そうしたアイデアは現実の社会の枠からはみでることはなかった。まもなく現れた『刷新』という言葉もそのためである。この社会を刷新するのは、不可能であることを理解するのに、長い間苦しみの葛藤を必要とした。この社会は死にかけていて、完全な取り替えが必要だった」（『ゴルバチョフと運命をともにした二〇〇〇日』前出）

2. ノーベル平和賞演説と幻の党綱領

ソ連時代の末期、ゴルバチョフは既に、マルクス・レーニン主義を捨て、共産主義者でなくなったのはもちろん、社会主義者でもなくなっていた。彼は社会民主主義者に変貌していたと筆者は思う。

少なくともその証拠が二つある。一つは、九一年六月のオスロでのノーベル平和賞受賞演説、もう一つは「幻の共産党新綱領」である。

ゴルバチョフは九〇年度のノーベル平和賞を受賞した。しかし、ゴルバチョフは受賞式に臨めなかった。ゴルバチョフ自身、『ゴルバチョフ回想録・上』で次のように書いている。

「私の受賞に対する評価は喜ばしいものでも高いものでもなかった。加えてこの時期はソ連国内情勢が極端に先鋭化していた。四方八方から私への攻撃が強まった。したがって、ソ連世論のほとんどは、〝帝国主義的〟利益の代弁者にほかならない西側勢力が私の活動を直接的に是認し、その意思表明が私の受賞となったと評価したのだ。だが、この時私を驚かせたのは、右派勢力に劣らず、ロシア連邦の指導部が私の受賞に敵意を示したことだった」

ゴルバチョフのペレストロイカとグラスノスチによって、これまでタブーであった「ソ連最高指導者を公然と批判する自由」さえ得たエリツィンらロシア共和国指導部は、ゴルバチョフの受賞を批判するのではなく、逆に祝福すべきだったのではないか。当時の情勢からゴルバチョフは十二月十日オスロで行われる受賞式に自ら参加することは不可能だと判断し代理人を出席させた。ノーベル財団の規約で、ノーベル賞受賞者は受賞直後、あるいはその後六カ月以内に記念講演を行うことが義務づけられている。九一年五月初旬に記念講演を行ってくれないかという招請がゴルバチョフのもとに届いた。しかし、五月初旬には、結局、訪問できなかった。だが、ゴルバチョフは、次第にオスロを訪問しようという決意を固めた。「記念講演は、ペレストロイカと新思考外交がソ連というよりも全人類のために果たす役割について私の信念を改めて表明する国際的舞台になると考えたからだ」という。

そして、ゴルバチョフはようやく九一年六月五日にオスロでノーベル賞受賞記念講演を行ったのである。

改めてゴルバチョフ演説を読み返してみて、ソ連共産党書記長でありながら、ゴルバチョフは受賞演説の中で、マルクス・レーニン主義、共産主義に一言も触れていないことに気が付いた。これは歴代の現役時代のソ連指導者の発言を知っている者としては、全く異例なことなのだ。悪く言えば、これは変節であり、よく言えば、共産主義イデオロギーからの脱皮であるとしか言いようがないのである。

マルクス主義との決別

ゴルバチョフは演説の中で次のように訴えた。

「われわれは、現代文明の有機的な一部となることを希望し、人類の普遍的価値に沿い、国際法の規範に従って生きていきたい。また、外部世界との経済関係では『ゲームのルール』を順守するつもりである。われわれの『共通の家』の運命についてはあらゆる諸国民とともに重大な責任を負っていく」

受賞演説についてチェルニャーエフは次のように断言している。

「彼の精神的変容の観点からは、彼を近くで観察していた者としてあえて断言するが、オスロでの彼の演説は、マルクス主義・社会主義的信念との告別の白鳥の歌（筆者訳注・最後の言葉・白鳥は死ぬ前に一回だけ鳴くという言い伝えから）だった。異議が出るだろう――ゴルバチョフは八月以後も自らの（そして国民の！）社会主義的選択への忠誠を言い続けた、と。（中略）彼はこれによってただ、社会主義をマルクス・レーニン主義への固い束縛から解放したかったのである。（中略）この意味で、私の観察によれば、ゴルバチョフは一九九〇年には、社会主義者でなくなった」（傍線は筆者）

筆者は前記チェルニャーエフの著書訳本『ゴルバチョフと運命をともにした二〇〇〇日』の「あとがき」に、次のように書いた。

「ロシアのマスコミは意識的にこの（オスロ）演説を無視ないしは軽視し、西側の専門家の多くはゴルバチョフの真意を読み取れなかった。彼の演説は読み返す価値があると思う。さらに、クーデター後、特に、ソ連のマスコミ機関がゴルバチョフの演説やゴルバチョフと外国要人との会見などの報道をボイコットし、『大統領に対する報道封鎖』を強めたとの（チェルニャーエフの）指摘は重要である。これはロシア政府（当時はポルトラーニン出版・情報相）による巧みな情報操作によるもので、ゴルバチョフはエリツィンとの権力闘争で、マスコミに負けたとの証言となりうるであろう」

ついでながら、ゴルバチョフは賞金の七十一万五千ドル全額を医療機関に寄付した。

次に、「幻の共産党新綱領」に関して、筆者自身が書いた文章の引用をお許し願いたい（ジャパン・タイムズ出版PR誌「キュー」'91・11、12月号寄稿の「幻となったソ連共産党綱領」）。将来のゴルバチョフ研究に必ずや役立つのではないかと考えるからだ。

「（クーデター騒ぎの一カ月前の）七月二十五日、二十六日の両日開かれた党中央委員会は、ソ連共産党綱領案「社会主義、民主主義、進歩」を基本承認した。同草案は、大衆討議をへた後、十一月か十二月に開かれる予定の、臨時党大会で採択されるはずであった。中央委総会の閉幕演説でゴルバチョフ大統領（党書記長）は、党を『民主的改革の党』と呼び、『意見の多元性と考え方の民主的な比較対照だけが、真実の発見を可能にする。何十年も党と社会に押し付けられてきたモデルは戦略的に破綻《はたん》した。この結論から明らかなのは、われわれは、自分の社会主義全体

文化交流

'66年9月、民音の世界バレエシリーズ、第1回公演として「国立ノボシビルスクバレエ団」を招聘。全国で27回の公演を行った

'79年7月から始まった民音の「シルクロード音楽の旅」。'97年5月まで、隔年ごとに10回のシリーズを重ね、全国の主要都市で公演が行われた

'91年3月、アンドレーエフ記念国立ロシア民族オーケストラの公演。全国8回の公演が行われた

'03年11月1日から、東京富士美術館で開催された、アイバゾフスキーの「第九の怒濤」展

を根本的に改める必要性に直面しているということだ。われわれは古いモデルの枠の中に回答を見いだすことはできない』と極めて大胆な発言をしたことで注目された。これはまさに新党綱領草案の画期的な内容を反映した発言であった」

実はこの草案作成には、隠されたあるエピソードがあった。フロロフ「プラウダ」紙編集長（党政治局員）を長とする党綱領委員会が綱領案をいったん策定。しかし、ロンドン・サミットから帰国したゴルバチョフ大統領はこれにクレームをつけ、急きょ、厳しいスターリン批判ゆえにブレジネフ時代弾圧された、反骨の歴史学者ロイ・メドベージェフ（前年夏の党大会で中央委員に選出された）、シャフナザーロフ大統領補佐官（政治担当）ら党内リベラル派を招集して、改めて作成するよう命じたのであった。これが総会に提出され、八月八日付けの「プラウダ」紙に全文が発表された。

綱領草案は結党以来のマルクス・レーニン主義および、その歪曲の結果である全体主義との決別を宣言したに等しいものであり、西欧社会民主主義への転換を証言する歴史的な文書であった。その中では「超中央集権的な国家から民族自決と自発的連合に基づく連邦への移行」もうたわれている。「根本的な党民主化」の方向を指し示した。階級の利益ではなく、「全人類的な価値」の尊重にも言及。同時に、スターリンの犯罪を厳しく糾弾したものとなっている。

九一年八月の保守派クーデター未遂事件によって、この歴史的な文書は「幻の党綱領」となってしまった。

チェルニャーエフによれば、この綱領は「社会民主主義的な綱領」であった。このチェルニャーエフの言葉を裏付けるゴルバチョフ発言を紹介したい（『二十世紀の精神の教訓・下』前出）。社会民主主義者ゴルバチョフの面目躍如たるものがある。

「ただ最終的に社会民主主義への移行が行われたのは、九一年七月後半に党の新綱領案が発表されたときでした。この案の骨子は、すたれた思想ドグマや決まり文句と完全に決別し、国と国民の経験・切実な欲求に見合った世界観と政治を作っていく、という意志でした。そして九一年七月（筆者注・保守派による反ゴルバチョフ・クーデターの直前）の党中央委員会で、共産党を社会民主化しようとしているとの非難が私に浴びせられましたが、そのとき私はこう語りました。『ソ連共産党と今の社会民主運動を対立させて考えるのは、革命・国内戦争のときに理論の食い違いから共産主義者と社会民主主義者がバリケードをはさんで対立したときの影響です。過去の経緯《いきさつ》についての研究は歴史家にまかせておけばいいではないですか。しかし『はっきりしているのは、当時起こった対立のもとの基準はもう意味を失ってしまったということです。私たちも変わったし、社会民主主義者も変わった。歴史の流れは労働運動、民主化運動、社会主義者の間に、境界線を引くような問題の多くを解消してしまいました。そして今、社会民主化を批判して騒いでいる人びとは、かえって本当の敵である反社会主義、民族主義、ショービニズムの流れから注意をそらしてしまっているのです』」

「最後に私は、次のように結びました。『われわれは〝社会主義の意味を根本的に考え直す〟必要に迫られている。古いモデルの中に解答は見つからないし、このモデルの実験をわれわれの応援で行った他の友好国も答えが得られなかった。これは社会主義の危機だが、この危機は乗り越えられるのです。そうすれば健全化を図り、刷新された社会主義が決定的な新たな一歩を踏み出すことができるようになります。要するに、いま責任をもって深く考え、解決していくべきときなのです。（中略）』もし、気に入らない発言者は踏みつけ、たたいて、気に入った発言者には必要以上に拍手を送っているだけだとしたら、いかなる理性的な結論にも行き着くことはできません」

「なぜ私は今このことを思い起こしているのでしょうか。申し上げたいのは、私が共産主義的立場から社会民主主義に移行した際、そこにはただ時流に乗ろうなどというような気持ちは一切なかったということです」

「私は社会正義を守ろうとする左派の一人として、ただわが国の社会意識の中で起こった変化、ひいては世界で起こった変化の道理に従っただけなのです。私が間違っていたと果たして言えるでしょうか」

池田は「いいえ、決して間違ってはいません。社会民主主義の選択といい、ゆるやかな連合体としてのソ連邦の存続といい、その後の事態の推移は、まさしくあなたの選択しようとした方向へと動いていると言えましょう。長いスパンで見て、今正当な理解の得られないところに、逆にペレストロイカのもっていた本質的な新しさがあった、ととらえていくべきだと思います。二十一世紀文明をも視野に入れた、画期的な新しさがあったからだ——と」と的確な答えをしている。
当時、ゴルバチョフの社会民主主義への転身を察知した者は果たしてどのくらいいたであろうか。

チェルニャーエフの証言

ここで、チェルニャーエフの著書、拙訳『ゴルバチョフと運命をともにした二〇〇〇日』の「あとがき」から極めて重要な部分を引用したい。ゴルバチョフより十歳年長の彼はゴルバチョフの国際問題補佐官を務めていたが、ゴルバチョフが引退した後も、ゴルバチョフ財団最高顧問としてゴルバチョフとともに仕事を続けている。付言しておけば、チェルニャーエフは自著の中で辛口のゴルバチョフ批判も展開している人物だ。それだけに、彼のゴルバチョフ評、ペレストロイカ評は千金の重みを持つと思う。

「彼（ゴルバチョフ）は何をしたのか。超大国のトップとしてゴルバチョフが活躍した六年間は、彼に世界史の大改革家たちのあいだに席を占める権利を与えた。彼の達成した主なものは次のようなものである。そして、それらの一つ一つを——それらにおける彼個人の役割の見地から——偉業と見なすことができる。

一、彼は、いまだかつて存在した中で最強の、スターリン主義的・共産主義的原則に立脚した全体主義体制を破壊した。

一、彼は、数億の国民に、上から押し付けられる図式とドグマ（独断）なしで、自ら、自分たちの生活を整備し、発展の道を選択する自由を与えた。

一、彼は、地球上の陸地の六分の一に住む国民に、民主主義、法治国家、市場経済、人権、言論と信教の自由、など全人類的価値の承認に立脚して、現代文明の共通の方向へ入る可能性を与えた。

一、彼は、冷戦と核軍備競争を停止するために多くのことを行い、それによって人類を第三次世界大戦の破局での滅亡から救うことに決定的な貢献をした。

人類史におけるすべての画期的な転換には、強力な思想的潮流、大衆運動、影響を及ぼす組織、政党が先行した。図式的には、キリスト教がローマ帝国の崩壊に、宗教改革が欧州の民族国家の台頭に、労働・社会主義運動、マルクス主義、レーニン党が一九一七年の十月革命に、というように。同じようなものをゴルバチョフは何も持っていなかった。彼は一人で山を動かした。そして自らこれを決意した。自分個人にとっての巨大なリスクに踏み切り、自分のために用意された何一つ不自由のない政治的、物質的状態を危うくしながら」（一九八五年までのソ連の状況については、同書四四八ページを参照されたい）

全人類的価値へ

本項に何回も出てきた「全人類的価値」という言葉は、ペレストロイカを理解するうえで最も重要なキーワードである。ゴルバチョフが初めて使ったのはいつだろうか。ゴルバチョフ自身、次のように語っている（『二十世紀の精神の教訓・下』前出）。

「全人類的価値が優先されるべきであるという結論を、私が公に発言したのは、イシク・クーリ・フォーラムの参加者との会見のときでした。その発言は『コムニスト』誌上に掲載されるところとなり、大反響を呼びました。もちろん、反響は決して一様ではありませんでした。論争は今も止んでいません」

「イシク・クーリ・フォーラム参加者との会見の席で、私は初めて、それまで長い間考え抜いてきたことを語りました。すなわち、人類文明総体の意味とは、また進歩・文化のもつ意味とは、と問うとき、突き詰めれば、それは『人間生命』というすべての依って立つ大地を擁護することに尽きる、と申し上げたのです。これこそが、もっとも自然に則した在り方であり、健全だからです」

対談者の池田は「まったく賛成です。『人間生命』は、それ自体が目的であり、絶対に手段化されてはならないものです。こうした生命の尊厳観の確立こそ、二十一世紀に向けての最重要の課題と言えるでしょう」と応じた。

二十一世紀の連続テロ、戦争や侵略は、「人間生命」無視政策の表れでしかない。在野のゴルバチョフがイラク戦争に一貫して反対している思想的背景はここにあるのではないか。

イシク・クーリ・フォーラムは八六年十月、本書でも紹介済みのキルギス人作家チンギス・アイトマートフが提唱して、全世界から著名な文化活動家が参集、核の脅威、環境汚染、政治倫理などをテーマに議論を戦わせた。レイキャビクでの米ソ首脳会談（次章参照）の一週間後、ゴルバチョフはフォーラム参加者と対話した。

このフォーラムについてゴルバチョフは『ゴルバチョフ回想録・上』の中で次のように回想している。

「レーニンの思想の解釈が行われ、それに今日の現実の考察が加味されたこの対話は、雑誌『コムニスト』に発表された。これはわが国でも、外国でも大きな反響を呼んだ。特に人間共通の価値観のテーマは、爆弾となって正統派陣営を直撃した。どのような熱い討論が繰り広げられ、その後のさまざまな集会で多くの人びと、特に党のアクチブたちから当惑気味の質問を浴びせられたことか」

「『われわれは人類の普遍的価値を退けるものではない』とリガチョフ（筆者注・指導部保守派リーダーの一人）が私に言った。『だが階級の利益を考慮から外してはならない』『そうとも、私は人類の普遍的価値を〝優先する〟と言っているんだよ。これは階級の、集団の、国家の、およびその他の利益を否定するという意味ではない。だが、全体の共通の努力で核戦争を予防することができなければ、それらはすべての意味を失うことは明白だ。そうなれば利益どころではないし、それに階級そのものも無意味さ。すべてが灰になってしまう……』」

「われわれは、変化した世界、新しい現実への対処という点で考えが分かれていた。その時私は、硬直化したドグマの柵をくぐり抜けるのがいかに難しいかを痛感したのだった。核の脅威、環境の危機、世界の分裂……もうこのような方向へ進むことは狂気の沙汰であることは、分かりきったことのように思われた。ところがこんな嫌疑がかけられるのだ。『反マルクス的異端の匂いがする』『ゴルバチョフが正体を現した。彼は何かをたくらんでいる』」

ゴルバチョフは、共産主義正統派からみれば、間違いなく「異端者」であったかもしれない。「プロレタリア階級の利益」を放棄したからだ。

3．ペレストロイカは「世直し」

ペレストロイカとは具体的にどういう政策であったのか。なぜ「革命」と言われるのか。ペレストロイカの評価は、年月とともに、忘れ去られつつあるが、その限られた例だけでも、歴史的な「大転換」であり、記憶にとどめておかれるべきであろうと思う。また、ペレストロイカの評価で重要なのは、欧米諸国との対比という「横の比較」ではなく、ソ連の歴史を踏まえた「縦の比較」であることを強調しておきたい。

ゴルバチョフは八九年十一月二十六日付けのソ連共産党機関紙「プラウダ」に「社会主義思想と革命的ペレストロイカ」と題する長大な論文を寄稿した。これはペレストロイカ研究のうえで見逃せない歴史的な論文である。ゴルバチョフはその中で次のように述べた。

「ペレストロイカは社会主義の歴史的な道程の長期にわたる段階であり、その過程で権威主義的・官僚主義的システムが拒否され、真に民主的な自主管理の社会機構が樹立されるのだ。本質において革命的なこの過渡期には、さまざまな要素や要因が結び付き、絡み合い、作用し合う。さまざまな経済的、社会的形態や制度、イデオロギー傾向の競合の中で、社会生活の新しい質、社会主義の新しい顔が固まってくる。発展途上の社会主義の刷新は、数十年の枠を超えて二十一

世紀まで食い込むプロセスである」（傍線は筆者）

ゴルバチョフはこの論文の中で、「社会主義の新しい顔（容貌）」は何かと自問し、それは「人間的な顔」であり、ペレストロイカの主要目的は、それを創設すること、つまり、「人間的な社会主義の建設」であると強調した。「社会生活のすべての領域で人間的次元を優先させるという原則を優先させねばならない」とも主張した。この「人間の顔をした社会主義」とは、六八年八月ソ連などワルシャワ条約軍の戦車で押し潰《つぶ》された「プラハの春」（チェコスロバキアの民主化）のスローガンであったことを想起しなければならない。かつてチェコスロバキアで唱えられ実現されなかったスローガンを、二十一年後にソ連指導者のゴルバチョフがよみがえらせたのである。

実は筆者はかねて、ゴルバチョフ政治哲学を「ゴルバチョビズム」と呼んだ。レーニニズム、スターリニズムという言葉は聞かれるが、フルシチョフ、ブレジネフの場合はそのような呼称はない。ゴルバチョビズムの神髄《しんずい》は「転換の哲学」である。

八六年九月筑波大学で開催された第十五回ソ連・東欧学会で筆者は「ゴルバチョフの政治哲学」と題して報告した。それを基に、「中央公論」誌同年12月号に「新戦略に『転換の哲学』あり――ゴルバチョフ・ソ連の変貌」を寄稿した（見出しは同誌編集部が付けた）。ゴルバチョフ政権がスタートした翌年のことである。

学会報告で筆者は、ゴルバチョフの言葉を多数引用しながら、ゴルバチョフの政治哲学はこれまでのソ連指導者には見られなかった全く新しい発想、産物であると力説した。今でも記憶しているが、そうした筆者の報告に対して、ペレストロイカとか新思考とか言っても、所詮はフルシチョフの「雪解け」政策の二番煎じ程度のものではないかとのコメントが聞かれた。ゴルバチョフの平和共存路線、核軍縮路線はフルシチョフのそれの焼き直しに過ぎないと評する向きもあった。当時、ソ連専門家と言われる人びとの多くはそのような認識であったように思う。よもや、歴史を完全に変えてしまうほどの「激震」を秘めているとは、思いもよらなかったのである。

ゴルバチョビズムに着目した筆者はその後、ゴルバチョフに関する本を数冊書いた。一方で、ロシア内外のゴルバチョフ批判の文献をたびたび目にした。しかし、ゴルバチョフの弱点を重々認識したうえで、ソ連初の異色の指導者としての彼の歴史的な偉業を否定することはどうしてもできないとの結論に達した。

ペレストロイカとは、「世直し」であったと筆者は確信している。以下、その例を挙げてみよう。一般的なペレストロイカ失敗論の根拠となっているのは、経済ペレストロイカの不首尾である。しかし、これは社会主義経済システムから市場経済への転換という極めて困難な史上初めての大実験であった。手本とすべき適切な教科書や手本がなく、試行錯誤の中で、成功と失敗が繰り返された。

例えば、西側で喧伝された食糧危機も当時、誇張された「作られた危機」であった。流通システムの崩壊、価格体系の混乱、さらに反改革派、反ゴルバチョフ派による流通段階でのサボタージュが指摘された。「食糧不足は市場経済への移行プロセスの現象だ。ソ連全体では食糧は豊富

1981年　第三次訪ソ（上）

5月14日、クレムリン宮殿で、チーホノフ首相と会見。「スイスなどのよき地を選んで、一日も早く米ソ首脳会談の実現を。全人類が待っています」と米ソ首脳会談を提案した

5月12日、モスクワの東洋民族芸術博物館で「日本人形展」を開催。開会式のテープカット

5月13日、モスクワ大学正面広場で、友好のパレードを行う「創価学会富士鼓笛隊」

にあり、飢餓の恐れは全くない」と在英生化学者ジョレス・メドベージェフ（後述のロイの双子の兄弟）は断言していたことを思い出す。飢餓の例は皆無だった。

ソ連解体後のロシアで経済政策が成功したと言えるだろうか。ペレストロイカ期間（八六年から数えて約五年）より長くまる八年間も政権を担当したエリツィンが残したロシア経済の惨憺《さんたん》たる実情と比較すれば、経済ペレストロイカの失敗をあげつらうことの不公平さに気づくだろう。経済の難しさは景気の動向に左右される資本主義社会でも同じである。資本主義、社会主義を問わず、どこの国においても、経済は鬼門なのだ。

経済ペレストロイカはソ連で初めて、市場経済への道筋をつけたとだけは言っておかねばならない。はっきりしているのは、経済ペレストロイカ以外でのペレストロイカの業績は、歴史的に、経済ペレストロイカでの失点を補って余りあるという点だ。ここを見失ってはならない。

経済ペレストロイカそれだけでは成功する見込がなく、政治ペレストロイカ、社会ペレストロイカを伴わなければ失敗を繰り返すという反省に立って、「世直し」の意味でのペレストロイカが大胆に進められたのであった。だが、完全無欠な人間がいるはずはない。ゴルバチョフにしてもしかりだ。個人的な判断の誤り、失敗は、人間であれば、だれにもある。ペレストロイカの理解には、近視眼的ではなく、長い歴史的スパンの視点がなければならないと痛感する。

政治のペレストロイカ

さて、ゴルバチョフのペレストロイカ（世直し）の真骨頂は何と言っても、政治ペレストロイカであろう。中国は政治に手を付けず、鄧小平の「先富主義」に忠実に、社会主義市場経済を進め、ソフトランディングを目指している。ゴルバチョフは中国方式を取らず、政治改革という「パンドラの箱」を開けてしまった。どちらが賢明であったかは、歴史が証明するであろう。

まず、共産党一党独裁の放棄。レーニンの革命以来、プロレタリア独裁の名の下で一貫して共産党が権力を独占していた。ソ連のスターリン型政治の根幹は共産党の独裁であった。野党の存在は認めなかった。それをペレストロイカは転換したのだ。これこそ革命そのものと言わねばならない。

七七年制定のブレジネフ憲法第六条は次のように規定した。

「ソビエト社会の指導的かつ先導的な力であり、ソビエト社会の政治制度、国家的、社会的組織の中核となるのはソ連共産党である。ソ連共産党は人民のために存在し、人民に奉仕する。マルクス・レーニン主義の教えで武装した共産党は、社会的発展の全般的展望、ソ連の内外政策の路線を決定し、ソ連人民の偉大な創造的活動を指導し、共産主義の勝利を目指すソ連人民の闘争に計画的な性格、科学的根拠に基づく性格を付与する。すべての党組織はソ連憲法の枠内で活動する」

ペレストロイカの下、この第六条を削除すべきか修正すべきかの長い厳しい党内討議の結果、この第六条が九〇年三月の党中央委総会で修正された。ゴルバチョフは『ゴルバチョフ回想録・

上』の中で書いている。

「第六条修正は、ソ連国家は一党独裁を停止すること。さらには神権政治のかなりの部分を廃止することさえ意味していた。民主主義の主要な原則の一つ、思想と政治の多元主義がここに具現化されている」

修正された第六条は「ソ連共産党、その他の政党、同様に労働組合、青年、その他の、社会組織ならびに大衆組織は、諸ソビエトに選出された自組織出身の代議員を通じ、またその他の形態で、ソ連国家の政策策定、国家事業、社会事業の行政活動に参加する」という表現に書き換えられた。つまり、共産党以外に政党が誕生することを承認したのである。議会を基盤とする民主主義に向かう「革命的意義を持つ決定」(ゴルバチョフ)に違いなかった。

ソ連史上初めての複数立候補秘密投票制の国政選挙実施(八九年三月の人民代議員選挙)、大統領制の導入(九〇年三月の憲法改正で)も重要な政治改革であった。

ゴルバチョフは九〇年三月、第三回ソ連人民代議員大会で支持率五九・二%で初代大統領に選出された。ゴルバチョフは大統領就任演説で非常に重要な見解を述べた。この部分は、当時、日本のマスコミを含め西側ではほとんど伝えられなかったので、ぜひ書き残しておきたい。

「どんな権力も、道徳的基盤の代わりを務めることはできず、そうした基盤がなければ、人間の正常な共同生活は成り立たない。過去にわが国では、実質的に、精神性《ドゥホーブノスチ》は観念論だとして無視されていたが、いまはその高価な代償を支払うことを余儀なくされている。われわれは労働や学問、教育、芸術、文化に対し、それとは違った、最も広い意味での良心的な態度をとる必要がある。すべての精神的な財貨が、社会の十分な存在と発展のために絶対的な必要性あるものとして社会に受け入れられるような条件を作り出す必要がある」

含蓄《がんちく》ある言葉ではないか。自国の精神性の無視が重大な誤りであり、そのツケを払わされているというのである。ゴルバチョフは次のようにも述べた。

「この機会を利用して、人民代議員大会が可決した原則――最高会議または大会の承認なしに国外で軍を行使することを絶対に永久に排除する、という原則に私が忠実であることを確認しておきたい」

改めてコメントするまでもなく、初めの部分は唯物論だけでは駄目であるという苦衷《くちゅう》に満ちた反省である。こういう考えを率直に表明したソ連の最高指導者が今までいたであろうか。このくだりを読んで、筆者はゴルバチョビズムの機微に触れたような気がした。あとの部分は、チェコスロバキア事件やアフガニスタン侵攻の反省に立ったゴルバチョフ・ドクトリンの確認である。

サハロフ博士夫妻の解放

ところで、ソ連と言えば長い間、政治犯の存在を特徴とした国の一つであった。最高指導者への誹謗、反ソ宣伝・扇動活動、反共産党活動などが罪状となって「良心の囚人」つまり、政治犯を生んだ。その政治犯がソ連からいなくなり、強制収容所がなくなったのが、ゴルバチョフ時代であったことは、改めて強調すべきであろう。最も象徴的な出来事はアンドレイ・サハロフ博士（一九二一年〜八九年）夫妻の国内流刑からの解放である。

サハロフ博士はソ連の「水爆の父」と言われた著名な物理学者で、ソ連の核兵器開発に大きな貢献をした科学者だった。三十二歳でソ連科学アカデミー会員に選ばれた。社会主義労働英雄の称号など多くの国家賞を受賞していた。そのサハロフは核という大量破壊兵器の恐ろしさ、核実験による大気汚染の被害の恐ろしさを知っていたからこそ、フルシチョフに核実験中止を訴え、六〇年代半ばから、民主化運動、人権擁護運動を始めた。七五年にはノーベル平和賞を受賞している。

七九年十二月にアフガニスタン侵攻事件が起きた。八〇年早々、西側マスコミのインタビューに答えて、サハロフはソ連のアフガン侵攻を厳しく批判し、ソ連軍の撤退を要求し、撤退しない限りモスクワ五輪（八〇年夏）は別の国で開催すべきだと主張した。これが引き金だった。翌八〇年一月二十二日、突然、拘束、連行された。最高会議幹部会議長令で国家的栄誉を剝奪《はくだつ》されたうえモスクワから東方四〇〇キロ離れた閉鎖都市ゴーリキー（現ニジニ・ノブゴロド）市に追放処分を受けた。反体制派のスポークスマンの役割を果たしていたサハロフと外国報道関係者との接触を断つのが狙いであった。ゴーリキーとモスクワを行き来していたエレーナ・ボンネル夫人も八四年五月、「ソ連体制誹謗《ひぼう》」のかどで、流刑五年を宣告された。

そして、ゴルバチョフ政権が誕生。ある日の夜、急きょ電話が取り付けられた。その翌日のことである。

「(八六年)十二月十六日、午後三時まで電話を待った。パンを買いに行こうとした矢先、電話が鳴り、私がとった。女性の声『ミハイル・セルゲービッチがあなたとお話しになります』『わかりました』。私はリューシャ(注・夫人)に『ゴルバチョフだ』と言った。彼女はドアを開け、例によって廊下でおしゃべりしている当番の警官たちにどなった。『静かに。ゴルバチョフから電話がきているのよ』。たちまち、しんとした。

『もしもし、ゴルバチョフです』『もしもし、聞こえます』『あなたの手紙受け取りました。これを審議、検討しました(決定のときの他のメンバーについて、彼がどんな言葉を使ったか覚えていない)。モスクワに帰ってよろしい。最高会議幹部会議長令は取り消されます。エレーナ・ボンネールについても決定がでました』私はするどくさえぎった。『それは私の妻です』(中略)ゴルバチョフは続けた。『一緒にモスクワに帰れます。あなたはモスクワにアパートもありますね。マルチューク(当時の科学アカデミー総裁)がそちらへ会いに行きます。愛国的な仕事に戻ってください』」(『サハロフ回想録・下』アンドレイ・サハロフ、金光不二夫・木村晃三訳、読売新聞社、'90・12刊)

サハロフは七年にわたる流刑から解放された。それにしても、最高指導者がわざわざ受話器を取ってサハロフに直接、解放の通知をしたとは。それまでのソ連では想像もできない出来事であった。サハロフはモスクワに戻って八九年春には科学アカデミーにより人民代議員に選ばれた。

八九年十二月十四日サハロフは急死したが、死の前日まで人民代議員大会に出席し、政治活動を行っていた。葬儀にはゴルバチョフも出席した。

サハロフ夫妻は八九年十月末、初めて日本を訪れている。日本記者クラブでの記者会見には筆者も同席した。やや弱々しそうで、背中の曲がった前かがみのサハロフの姿は非常に印象的だった。彼は、ペレストロイカは歴史的な必然であると断言した。そして、社会主義と資本主義の接近は必然であると両体制収斂《しゅうれん》論を熱っぽく展開したことを思い出す。

サハロフは生前、ゴルバチョフについて次のように語った。

「これまでのソ連の指導者に比べてダイナミックな政治リーダーであり、非凡な決断をなし得る人だ。彼はソ連の歴史の重要な時期になくてはならない人物である。彼は率直に対話をし、人の意見をよく聞き、理解できる。彼の将来は有望だと思う。書記長を個人としても政治家としても高く評価する」(八八年追放後初めて対面した後に)

ゴルバチョフのサハロフ評も聞いてみよう。

「最初に言葉を交わしたときから、既にわれわれの論争は始まった。以来、論争は一度ならず展開された。だが、アンドレイ・ドミトリエビッチ(サハロフ)に対する私の個人的な関係は、それによって変わらなかった。私は常に、彼を開けっ広げで、率直で誠実な人と評価してきた。彼を高く評価していたのはそのためだ」(サハロフ没後、ゴーリキー市のサハロフとの電話対話を思い出して)

ことも付言しておきたい。サハロフの論文・演説集がゴルバチョフ政権下の九〇年三月に、ソ連国内で初めて刊行された(邦訳がある)、八九年五月の人民代議員大会での演説までが含まれた。彼の初期の論文「熱核戦争の危機から」はじめ、「平和・進歩・人権」サハロフの反体制活動時代の著作がソ連国民の目に触れたのはこれが初めてであった。

もう一人、「ゴルバチョフ以前のソ連」に反体制派で有名な人物の復権を紹介する。スターリン批判の反骨精神旺盛な歴史学者ロイ・メドベージェフ(二五年〜)だ。スターリン復権反対の公開書簡を党理論誌「コムニスト」に送り、反党活動を理由に六九年に党を除名された。双子の兄弟で生化学者ジョレス(七〇年代ロンドンに亡命)ともども、人権活動を展開したが、ブレジネフ時代は国内での公式発言や著作発表は禁じられた。「ゴルバチョフ以前の」八四年の最高会議代議員選挙では立候補すら認められなかったが、八八年に名誉回復され、八九年三月の人民代議員選挙では立候補し、当選した。彼は共産党への復帰を認められ、九〇年七月の第二十八回党大会で中央委員に選ばれ、評論活動のかたわら、政治活動を展開した。

八九年五月ロイ・メドベージェフはペレストロイカについて次のように語った。翌年の共産党の一党独裁放棄実現を予言するような内容である。

「異論派と党の関係にも大きな変化が起こった。逮捕された人びとはほとんど自由になった。数万のいろいろなプログラムを持った非公認団体が出来た。だが、指導部の仕事のやり方は余り変わっていない。ペレストロイカにはたくさんの敵がいる。文化、知識人、青年の分野でペレストロイカは大きな一歩を踏み出したが、経済の分野でのステップは小さい。これが一般的な状況だ。複数政党制というのは民主主義国家の第一の原理だ。少数者の政治的な権利が保障されないうちは、真の民主化とは言えない。このことはゴルバチョフも分かっていると思う。ゴルバチョフはまず、共産党の中にプルラリズム（多元主義）を作ることを考えている。さまざまな立場と意見の存在し得る党だ」

文化のペレストロイカ

次に、ペレストロイカ、グラスノスチの数多ある遺産のうち、文学・芸術の検閲廃止は特筆されねばならない。「ゴルバチョフ以前のソ連」では検閲は当たり前であった。文化・芸術面すべてにわたって検閲があった。検閲を全廃すること。これが実現したのだ。歴史的な英断としか言いようがない。

八七年にアナトーリー・ルイバコフ（一九一一〜九八年）が「アルバート街の子供たち」を雑誌に発表した。これは革命家セルゲイ・キーロフ暗殺事件（一九三四年）を背景にスターリンとその時代をテーマにした作品である。ルイバコフ自身がゴルバチョフに手紙を添えてこの作品を送った。ゴルバチョフは夫人ライサとともにこれを通読、刊行すべきだと判断したという。有力な保守派のリガチョフさえも刊行を支持した。「ルイバコフの小説をめぐるエピソードが、全体主義体制の暴露の結果に対する危惧を克服する上で助けとなった」とゴルバチョフは書いている。

反体制作家だったアレクサンドル・ソルジェニーツィン（一九一八〜）は戦後スターリン批判の容疑で八年の刑を受けた。フルシチョフ時代に名誉回復され、「雪解け」の中、強制収容所での体験記「イワン・デニソービッチの一日」を世に送った。しかし、ブレジネフ時代になって、七〇年ノーベル文学賞を受賞したが、反ソ的活動で七四年二月逮捕、国外追放された。国外亡命中に書いた『収容所群島』がゴルバチョフ時代の八九年七月ソ連で刊行（「ノーブイ・ミール」誌に連載）されたことは、グラスノスチの象徴的な出来事であった。ソルジェニーツィンはゴルバチョフ時代に帰国しようと思えば帰国できた。しかし、自身はエリツィン政権下の九四年五月、二十年ぶりに祖国の土を踏んだ。激動のソ連時代ではなかったことから、「遅すぎた帰国」と知識人の一部から批判された。

ソルジェニーツィンの著書がソ連で刊行され始めたころ、革命直後亡命したペテルブルク生まれの作家ウラジーミル・ナボコフ（一八九九〜一九七七年）の『ロリータ』などソ連で発禁されていた著書が次々と公刊された。『ドクトル・ジバゴ』のノーベル文学賞（五八年）受賞作家ボリス・パステルナーク（一八九〇〜一九六〇年）が二十九年ぶりに名誉回復されたのは八七年二月。「ジバゴ」は八八年文芸誌「ノーブイ・ミール」に発表された。

そして、「革命の父」レーニン批判の思想小説の刊行も、「ゴルバチョフ以前」には想像もできなかったことだ。八九年七月早々、文芸・政治月刊誌「アクチャーブリ」は読者を驚かせた。ワシーリー・グロスマン（一九〇五〜六四年）の中編小説「万物は流転する（永遠の流れ）」（六三年完成）が全文掲載されていたからだ。この小説は長年強制収容所で過ごした人物を主人公に、スターリニズムの根源をロシア史そのものの中に見いだしたものだが、「ソ連国内で起きたすべての暴虐の責任はレーニンにある」と指摘した話題の作品だ。外国では翻訳出版されていたが、ソ連国内で公刊されたのは初めてだ。レーニンを含めて歴史を客観的に見直そうというペレストロイカ路線に沿った出版であった。

グルジア映画「懺悔」のプレミアショーが開かれたのは、ゴルバチョフ政権誕生の翌年八六年だった。八七年には一般公開され、大きな話題となった。この映画は、スターリンと同じグルジア出身の映画監督テンギス・アブラーゼ（一九二四〜九四年）が一九八四年に製作したもので、独裁者の狂気を描いて大テロルを告発した、スターリンの暗黒時代批判の映画だ。いったんお蔵入りとなったが、ゴルバチョフ時代に日の目を見た。まさにグラスノスチを象徴する事件であった。

ゴルバチョフは回想録の中で、イデオローグたちはこの映画の一般公開を認めるかどうか政治局が討議するよう提案したが、ゴルバチョフは映画関係者、芸術家の同盟が解決すべきだと考えて、この申し出を退けたことを明らかにしている。「彼らはこれを待っていたのだ。こうして前例が作られ、まもなく検閲によって棚ざらしにされていた作品が次々と日の目を見るようになった」とゴルバチョフは書いた。八七年一月クリモフ・ソ連映画作家同盟第一書記は、映画検閲の廃止を言明した。

歴史の見直し――名誉回復

「歴史の見直し」はまた、ペレストロイカの重要な成果の一つであった。フルシチョフのスターリン批判を上回る規模であり、重みがある。八七年のロシア革命七十周年記念式典での演説で、ゴルバチョフは「スターリンとその側近たちが犯した大規模な弾圧と無法行為の罪は、重大であり、許し難いことである。これはすべての世代にとっての教訓である」と「スターリンとその側近による巨大な政治的な誤り、権力の乱用」を厳しく糾弾した。幹部党員のいる党大会での秘密報告をしたフルシチョフと違い、「公然と」糾弾したのだ。

スターリン批判と並行してブハーリンらスターリン粛清の犠牲者の復権・名誉回復も行われた。「永久革命論」を唱えてスターリンに反革命分子と決めつけられ、四〇年八月、亡命先のメキシコでスターリンの刺客によって暗殺された革命家トロツキーはソ連史上、抹殺されていたが、ゴルバチョフのグラスノスチの下でその著作が二九年の国外追放以来初めて解禁された。

スターリン粛清犠牲者の名誉回復の最終的な措置は、九〇年八月十三日のゴルバチョフ大統領令であった。二〇年代から五〇年代にかけてのスターリン時代に政治的抑圧の犠牲となった人びとの権利を全面的に回復する内容だ。これは、共産党や軍の指導者だけではなく、二〇年代末から三〇年代前半の農業集団化期に「富農《クラーク》」のレッテルを張られて弾圧された農民をはじめ、スターリンの抑圧体制の犠牲になった一般市民を対象としたものであった。

国営タス通信によれば、大統領令はスターリン時代に強制的に行われた農業集団化はじめ、政治、社会、民族、宗教上の理由で国民に加えられた弾圧を「非合法であり、人間としての市民的、社会的および、経済的な権利に反する」と決めつけ、対象となった国民の完全な権利回復を命じた。復権は大統領会議の監督の下に行われたが、第二次世界大戦中やその前後に、国家や国民に対する罪で有罪宣告を受けた犯罪人は除外された。

フルシチョフの全面復権も画期的な出来事だ。「ゴルバチョフ以前のソ連」では、フルシチョフは六四年十月の解任直後から「アンパースン」(政治またはイデオロギー上の理由で抹殺された人)であった。第二十回党大会(五六年二月)でのフルシチョフ秘密報告の全文がソ連で初めて公開された(月刊共産党機関紙「党中央委通報」'89・3月号)。

年金生活中のフルシチョフの発言テープを基にブレジネフ時代、西側で出版されていた「フルシチョフ回想録」の一部が八九年三月、ソ連の雑誌「論拠と事実」に掲載された。

同誌は「フルシチョフは主観主義的過ちを犯したが、市民的な勇気を持った指導者であった」との評価を下した。

第二次世界大戦の初期、多数のポーランド将校が殺された「カチンの森」事件。この事件が、ナチス・ドイツではなく、ソ連の秘密警察の仕業であったことを認め、九〇年四月正式にポーランド側に反省の言葉とともに謝罪したのもゴルバチョフ政権だ。

ブレジネフ批判も歴史の見直しの中で浮き彫りにされた。例えば、悪名高い「プラハの春」の弾圧。八九年ゴルバチョフ政権とワルシャワ条約機構関係諸国は、これが国際法違反の行為であったこととチェコスロバキアに陳謝する声明を発表した。

「歴史の見直し」に関連してもう一つ付け加えたい。市町村の改名である。これもほとんどがゴルバチョフ時代に行われた。代表的な例は、英雄都市レニングラード（二四年一月にペトログラードから改名）の場合だ。九一年六月の住民投票の結果、旧称サンクトペテルブルク（ピョートル大帝の町）が復活した。

「社会主義リアリズム文学の父」マクシム・ゴーリキーの名前を取ったゴーリキー市も九〇年八月にニジニ・ノブゴロド市に戻った。「モスクワの銀座」といわれたメインストリート、「ゴーリキー通り」も九〇年七月、革命前の「トベリスカヤ通り」に改称された。九〇年十一月モスクワ市議会はロシア革命指導者らの名を取って付けられた三十六の通りや地下鉄の駅名の変更を決めた。「マルクス名称通り」は「アホートヌイ」（狩りの獲物）、「カリーニン大通り」は「ノーブイ・アルバート」に変わり、「コルホーズ」などの地下鉄名称も別の名前に変わった。

国民の生活に直接かかわるペレストロイカ、グラスノスチの恩恵には、段階的な出入国や国内移動の制限の緩和がある。これは基本的な人権として、今日ロシアでは当然視されているが、外の多くの自由化と同じように、ペレストロイカの時代に手が付けられた措置なのだ。この点の間違いが多いのであえて指摘しておきたい。

外国放送の電波妨害の中止（八八年十二月）も同様である。市民が外国人と接触しても何のとがめを受けなくなった。ゴルバチョフ以前だと、スパイ行為と疑われ、当局に密告されたものである。つまりその種の市民監視がなくなったのだ。既に述べたように、最高指導者の悪口を言ってもとがめられない世の中になったソ連。それが「ゴルバチョフ時代のソ連」であった。

メディアの自由化

ゴルバチョフ政権はマスメディアの共産党独裁を放棄したのである。このことが、ソ連解体後のロシアのマスメディアの方向を決めたと言っても過言ではない。

ゴルバチョフは九〇年七月十四日、電波・放送メディアの大幅な刷新を求める大統領令を布告した。ソ連国営テレビ・ラジオに対しては、これまでの実質的な共産党独占支配を中止し、公共的な放送機関への脱皮を指示するとともに、同時に共産党以外の政党・組織にも独自の放送局を開設する権利を認めた。これは共産党一党独裁の放棄という新しい時代の変化に応じて、ゴルバチョフ提唱のグラスノスチを一段と進める狙いをもった重要な措置であると受け取られた。これより先、ソ連最高会議は六月十二日に、検閲の廃止と個人への新聞発行権供与を骨子とした「新聞法」を採択、八月一日から発効した。言論の権利が法的に保障されたのはソ連史上これが初めてだ。最高指導者までも公然と批判できる「言論の自由」をソ連国民は、初めて享受したのである。

ソ連時代の慣習として赤の広場でのメーデー（五月一日）と革命記念日のパレードを挙げるこ

とができよう。このパレードの様子がゴルバチョフ時代になって大きく変わったのも、ゴルバチョフ以前との大きな違いである。

九〇年のメーデーは国際メーデー百周年にあたった。その式典では恒例の党・政府首脳の演説はなく、ヤナエフ全ソ労組評議会議長やモスクワ労組代表があいさつ、恒例の市民パレードに移った。パレードで人びとが手にしたプラカードには官製の匂いは感じられなかった。ゴルバチョフ大統領はじめ指導部に対するもろもろの要求が掲げられた。「世界平和」「進歩」「民主主義」など従来の公式スローガンに交じって、「ゴルバチョフは辞めろ。政治局も辞めろ」「国民が選んだ大統領を」「リトアニアから手を引け」「ソ連共産党は下野せよ」「ゴルバチョフはソ連権力を放棄せよ」「赤いファシストの帝国打倒」といった過激なスローガンまでが見られた。行進者の中にはレーニン廟《びょう》に向かって拳を突き出して、「恥を知れ」などと抗議の言葉を投げ付けたり、ブーイングする光景も。ゴルバチョフ大統領ら要人は、憮然《ぶぜん》として廟から姿を消した。テレビ中継も途中で打ち切られたと伝えられた。ゴルバチョフ大統領が率先して進めているグラスノスチ政策の下で、赤の広場における公然たる指導者批判デモ。まさに百年目の一つの区切りを画する想像外の出来事であった。民主化とグラスノスチの試練は、重くゴルバチョフ大統領にのしかかったのである。

まさに前代未聞のメーデーの光景だった。ゴルバチョフ以前には考えられない事態であった。ゴルバチョフは強権でデモを弾圧しようとはしなかった。

信教の自由

ところで、ソ連では長い間、宗教は虐《しいた》げられてきた。共産主義者にとって「宗教はアヘン」だからだ。しかし、ゴルバチョフ時代になって様相は一変した。宗教活動は公式に認められるようになったのだ。「宗教の自由」。これはペレストロイカの歴史的な功績の一つである。

九〇年九月二十三日、ロシア正教徒約三千人が赤の広場脇から約三キロの道程を行進した。行列の先頭にはアレクシイ正教会総主教が立ち、しかも驚くことに、行進の中にロマノフ王朝、帝政ロシア最後の皇帝ニコライ二世の肖像画が見られた。同皇帝の肖像画がソ連でこのように公然と誇示されたのは、革命以来なかったことだ。「われわれは、ロシア人。神、われわれとともにまします」と書かれたプラカードもあった。官憲がこうした正教徒の行進を強いて妨害しなかったのは、ゴルバチョフ以前には想像もできなかった。ソ連における宗教復活を象徴する光景であった。

七七年制定憲法第五十二条（良心の自由）には、言葉のうえでは、信教の自由と宗教的儀式の権利の保障が明記されていた。宗教活動は細々と認められていたが、布教の自由はなかった。信者はほとんど老人で、彼らに教会活動は支えられていた。若者が教会に近づくと、コムソモール（共産青年同盟）の腕章をした青年が道を遮《さえぎ》り、追い返していた。こうした宗教政策を抜本的に転換したのが、真の宗教の自由を容認した新しい宗教法であった。

「信教と宗教組織の自由に関する法律」と題するソ連初の宗教法案が、九〇年九月二十六日、ソ連最高会議で基本承認され、同年十月一日から発効した。これは国家による宗教への干渉を排除、あらゆる宗教活動を容認して、すべての宗教・宗派の権利の平等をうたっている。同法は、市民が自由に宗教に対する態度を決定し、宗教的儀式を行う権利や国家と国家教育からの宗教の分離と法の前の宗教の平等などを規定している。また、兵士が自由時間に宗教的な儀式を行う自由も保障している。

宗教法の施行に伴い、四六年以来、スターリンによって非合法化されていたウクライナ・カトリック教会（東方帰一教）も四十四年ぶりに正式に復権した。

ゴルバチョフが大統領就任式で「精神性」の尊重を強調したことは前述したが、ゴルバチョフの宗教に対する考えは、ソ連指導者としては斬新であった。自ら認めているように、幼児期に洗礼を受けていたことと無関係ではあるまい。ゴルバチョフは八八年六月の第十九回ソ連共産党全国協議会で次のように述べた。

「われわれは宗教的世界観に対して、それが唯物論的、非科学的な世界観であるという自分たちの態度を隠してはいない。しかしこれは、信徒たちの精神世界に対する無礼な態度のための、ましてや唯物論的な見解を確立する目的で何らかの行政的圧力を行使するための、根拠ではない。すべての信徒は、どの宗教を信仰しているかにかかわらず、完全な権利をもったソ連市民である。彼らの大多数はわれわれの生産活動と社会活動、ペレストロイカの課題の解決に積極的に参加している」

いずれにせよ、自国の精神性や精神文化における欠陥を公に告発したソ連指導者はゴルバチョフが初めてであった。

八八年、「キリスト受容一千年祭」の行事がモスクワ、レニングラード、キエフなどで盛大に行われた。世界百以上の国からカトリック、プロテスタント、ユダヤ、仏教、イスラムなどの各宗教代表が参加した。式典に先立ち、四月二十九日にゴルバチョフはクレムリンにロシア正教のピーメン総主教（当時）ら代表を招き会見した。ソ連指導者が宗教代表と公式に言葉を交したのは、第二次世界大戦中の四三年九月スターリンが、戦争遂行支援を要請するために会って以来四十五年ぶりであった。会談の席上、ゴルバチョフは、ソ連国家が過去に教会と信者に過ちを犯したことを率直に認め、「信者は今や、ソ連国民、労働者、愛国者であり、誇りを持って自らの信念を表現する完全な権利を有する」と言明した。

ついでながら、ゴルバチョフ夫妻は八九年十二月ソ連最高指導者として初めてバチカンを訪問し、ローマ法王ヨハネ・パウロ二世と会見した。ゴルバチョフは法王に新しい宗教法の制定を約束した。ゴルバチョフはまた、九〇年十一月十八日イタリア訪問の際バチカンに立ち寄った。二回目の訪問であった。

ペレストロイカという革命を進めていたゴルバチョフは志《こころざし》半ばで、結局、陰謀によるソ連解体の結果、「大統領のポスト喪失」という思いもかけない運命にもてあそばれ、退陣を余儀なくされたのである。

4. 新思考外交

新思考外交の立役者はゴルバチョフであるが、その有力補佐役はエドアルド・シェワルナゼ（一九二八年一月二十五日生まれ）であった。ゴルバチョフは外相交代について「なぜ外相を更迭《こうてつ》しなければならなかったか。急激な外交政策の転換が目前に迫っていた。そしてそれは国際関係における多くのわれわれのパートナーたち――同盟国、中立国、敵対国――にかかわることで、特に敵対国との和解の方式を探らなければならないことは、明らかだった。この分野の思い切った転換は外務省の改革がなければ不可能であった」と記している。

ゴルバチョフは既にグロムイコを外相から外し、最高会議幹部会議長（元首）という名誉職に祭り上げることを決めていた。七十五歳七カ月のグロムイコはいったんは抵抗を示したがゴルバチョフの説得に応じて、外相辞任を承諾した。「老馬は犂路《すきろ》を崩さない」（亀の甲より年の功）とゴルバチョフはグロムイコの決断を称賛している。ゴルバチョフは具体的な後継外相の人選に入った。

あれこれ思案した結果、シェワルナゼに白羽の矢を立てた。ゴルバチョフは言う。「もちろん、外交は専門的技倆を必要とするが、国政の経験もそれ以上とは言わないまでも、同等に必要である。わが国の、それに国際的な実例も、概して政治家が優れた外務大臣になったことを示している。私がシェワルナゼを知ったのは、第十二回コムソモール大会のときだった。（中略）自制心が非常に強く、内面的に精神を集中できるタイプであった。しかし、彼には何か人を惹き付けるものがあった。私たちはその後書記になってからも何度か会った。スタブロポリ人とグルジア人の間には昔から活発な交流があり、私たちは全面的にその発展に協力した。もちろん、こうしたコンタクトが数年後にどんな結果を生むことになるか、彼も私も予想できなかった」（『ゴルバチョフ回想録・上』前出）

「私たちの間には次第に強い信頼関係ができあがって、何でも腹を割って話し合えるようになった。そして私は国際関係も含めて政策の多くの重要問題に対する私たちの姿勢が共通していることを確信することができた。私は書記長になり、人事の問題をいろいろ考えながら、柔軟な考えと説得力をもち、オリエントの礼儀正しさを備えている。まさにこのような人物こそ、対外政策の舞台で新しい課題をうまくやりこなすことができる、という考えに到達したのである」（前掲書）

ゴルバチョフはグロムイコにシェワルナゼの名前を挙げると、「最初の反応はショックに近いもの」だったという。さまざまな候補者が挙がったが、チェブリコフ（当時KGB議長）、リガチョフ（第二書記的役割を果たした保守的人物）などと相談のうえ、最終的にシェワルナゼを推すことで意見が一致した。

「私はトビリシのシェワルナゼに電話をかけて彼を外相のポストに推薦したことを伝えた。長い沈黙が続いた。『どんなことも受けるが、これだけは考えさせてください。あなたももう一度考えてください。私は専門じゃありませんし、グルジア人です。問題が起きるかもしれません。それでグロムイコはどうなのですか。グロムイコ、チェブリコフ、リガチョフが彼を支持し、モスクワに来るよう求めていることを伝えた。（中略）シェワルナゼ任命が発表されると、国内および世界の反応は極度に当惑したと言ってよかった。非常に多くの人びとが、連邦のこのような最重要職務に非ロシア人を任命したことに、不審と不賛成を表明した。だが、経験豊かな人びとはゴルバチョフの胸の内を読み取っていた。『グロムイコに然るべき敬意を表し、同時にその後釜《あとがま》に自分に近い盟友を据えて、対外政策のフリーハンドを確保したのだ』と」（前掲書）

シェワルナゼ外相の登用

シェワルナゼは回想録の中で外相就任のいきさつについてゴルバチョフよりもやや詳しく記述している。（『希望』前出）。ゴルバチョフの回想と対比させる必要から、やや長文だが当該個所を引用させていただく。

「トビリシの私の執務室の電話が鳴り、ゴルバチョフの声を聞いた八五年六月半ば、『君に関して、いくつか大変重要なことを考えている。まだ具体的には言えないが、提案が二つある。どちらも君がモスクワでの仕事に移ることについてだ』私は注意深く返事をした。いま必要なのは、グルジアの仕事に支援してもらうことである、と言った。外には何も要らないと言った。『時間をかけて決めてくれ』とゴルバチョフは言った。『とても重大な提案になるだろう』。六月三十日、ゴルバチョフから二度目の電話がかかった。『話を続けたい。われわれは決定した。君に外務大臣のポストを提案する。明日の朝、モスクワで待っているから』」

「驚いたというのは、余りにも控えめな表現だろう。その提案は生涯最大の驚きだったと、いくら語ったところで、そのとき感じたことの千分の一さえも言い表せない。自分の小さな国の政務に没頭していて、いきなりぐいっとそこから引き離される者の感情をどう言い表すか。読者が考えてくれたら、私の気持ちが分かるだろう。（中略）外国語は全くしゃべれず、母語のグルジア語となまりの消えないロシア語が使えるだけだ。経験も、専門知識もない。私はゴルバチョフの言葉を聞き間違えたのではないか？　そうではなかった。『予想もしていなかった。グロムイコはどうなんだ』『彼は君を支持している。モスクワへ来たまえ。話し合おう』」

「翌朝早く、モスクワへ飛んだ。ゴルバチョフとの話し合いは四十分に及んだ。その時間のほとんどを、私は断る理由の説明に費やした。外務大臣は専門職だ、と主張した。外交は洗練された専門家の領域で、そこに加わって認められるのは難しい。私の場合はもっと困難だ。私の民族的出自《しゅつじ》は決して第二次的な問題ではない。歴史的に見ても、この職はロシア人か、ロシアの文化で育ち、先祖にロシア人のいる人間に当てられてきた。私の任命には、ロシアと外の共和国がいい顔をしないだろう。外国からも疑問が寄せられるのは必至だ」

『『もう決定したんだ』とゴルバチョフは答えた。『中央委員会書記たちにも諮問《しもん》した。さっきも言ったように、グロムイコは君を支持している。民族の件では、確かに君はグルジア人だが、ソ連人でもある。経験がないんだって？　そのほうがいいかもしれない。わが国の外交には、新鮮な発想、大胆さ、ダイナミズム、新しいアプローチが必要だ……私は自分の選択を疑っていない』』

「なぜ私は断らなかったのか？　慣習と伝統に反するからだと言うのは、正直でない。それまでに慣習と伝統への反抗を繰り返していたのだから。確かに、外交の専門職の細やかな知識はないが、新分野で懸命に働いて素人と見下されないようにする自信はあった。これは挑戦だ。受けて立たないわけにはいかない。私は自分の反対者であっても、あるいは仲間でも、力強い人間を好んできた。そうした人びとと一緒にいると、自分が奮い立つからだ。何より重要だったのは、これがゴルバチョフの選択だったことだ。つまり同志が私を選択したのである。私は彼が何を求めているのか知っていたし、私も同じものを求めていた」

もう一人、シェワルナゼ任命についての感想を書き記している人物がいる。ゴルバチョフおよびシェワルナゼの英語通訳を務めたパラシチェンコである。回想を紹介する。

「シェワルナゼがソ連外相に任命されたというニュースは、衝撃だった。同郷人や全体としては体制に批判的な人びとでさえ尊敬していたグロムイコと交代するためにソビエト・グルジアの地方党指導者が選任されることは誰にも予測できなかった。私は、ソ連代表団と一緒に出席した国際会議が行われていたブダペストでこの任命を聞いた。『驚いた』また『信じられない』が、この地での反応だった」（『ソ連邦の崩壊』前出）

パラシチェンコによるとシェワルナゼ任命を歓迎する外務省職員はほとんどいなかったという。ゴルバチョフの党と政府の要人選任については批判的な見解が少なくないが、その成功例はシェワルナゼ外相任命で、最大の失敗例は、ボリス・エリツィンをウラルからモスクワに呼んだことであろう。もっとも書記長就任初期の時点では、シェワルナゼ選任の場合で分かるように、同僚の意見を十分に聴きながら人事を決めたのであった。

シェワルナゼの外相任命に引き続き、ペレストロイカの設計者といわれたヤコブレフを党宣伝部長、次いで党中央委国際政策問題委員長に任命したり、二十一年間も党中央委国際部長だったポノマリョフを解任し、後任に駐米大使ドブルイニンをあてるなど、新思考外交の人的な土台作りを進めた。

ついでながらシェワルナゼは、ソ連解体後グルジアにもどり、グルジア国家評議会議長、最高会議議長（元首）を経て、九五年十一月からグルジア大統領を務めるが、二期目の〇三年十一月、議会選挙の不正疑惑をめぐって野党勢力による追及で辞任を余儀なくされた。〇四年四月には、ソ連外相の経験を買われて国連総長顧問に任命された。

筆者は九八年十二月初め首都トビリシを訪ねた際に、大統領府でシェワルナゼと会見した。何回かシェワルナゼ暗殺未遂事件が起きていたこともあって、極めて厳重なチェックの後、大統領執務室に通されたことを記憶している。シェワルナゼは外相時代に八六年十一月、八八年十二月、九〇年九月の三回も訪日しているところから、日本をよく知っており、非常に親日的な政治家である。

最後の訪日の三カ月後の十二月二十日、人民代議員大会の席上、シェワルナゼは突然、「独裁の脅威が近づいている」との警告を発して、辞任を表明、内外に大きな波紋を投げかけた。盟友ゴルバチョフに事前の相談もせず、いきなりの辞意表明で、ゴルバチョフも大いに戸惑った。この唐突の辞意の真意はいまだに謎のままだが、パラシチェンコは「(辞任の理由は)一部の人びとがうわさしたように、彼の故郷である共和国(グルジア)での紛争であり、彼が帰省しようとしていたためである」と回想録に書いている。

ソ連の独裁者スターリンもグルジア人であったが、ロシア人以上にロシア人的であったと言われる。シェワルナゼはいい意味でソ連に奉公した最後の著名なグルジア出身の政治家として後世に名前を残すことは間違いない。

新思考――全方位外交

そのシェワルナゼとゴルバチョフが進めた新思考(ノーボエ・ムイシレーニエ)外交は、古いイデオロギー外交から脱却した現実主義全方位外交であった。外交は内政の延長と言われるが、新思考外交はペレストロイカの延長にあった。ゴルバチョフ政権にとってペレストロイカを進めるうえで、国際的な緊張の緩和、平和の保障が大前提だったのだ。したがって、それは長年ソ連外交を支配したグロムイコ外交の否定とも言えた。古い考えをかなぐり捨てて、ゴルバチョフ以前のソ連の外交を軌道修正することは時代の要請であった。

新思考外交についてゴルバチョフは八六年二月の第二十七回ソ連共産党大会で次のように述べた。

「新しい政治理念の大原則は、実に簡単である。核戦争は政治、経済、イデオロギーその他のいかなる目標を達成する手段としては用いてはならない、というものだ。この原則は文字通り画期的だと言える。なぜなら戦争と平和に関する従来の考え方を放棄することを意味するからだ。現代世界は戦争や力の政策を行うには余りにも小さく、壊れやすいものになった。何世紀にもわたって戦争と武力紛争の是認や容認のうえに成り立ってきた考え方および行動の仕方に断固として終止符を打たない限り、この世界を救い、存続させることはできない」

戦争や力の行使の政策放棄の宣言であり、新思考外交はここから出発したと言っても過言ではない。

さて、ゴルバチョフ新思考外交は実際にはどのような形で具体化されたのか。その顕著な実例をいくつか挙げてみよう。

(1) アフガニスタンからのソ連軍撤退

ゴルバチョフはまず、七九年末に始まったアフガニスタン侵攻の尻拭いをしなければならなかった。党書記長就任早々の八五年十月の政治局会議でアフガニスタン駐留ソ連軍の撤退を提案。さらに、八六年七月のウラジオストク演説でゴルバチョフは八六年までにアフガニスタンからの六個連隊の撤退を正式に発表した。

ウラジオストク演説では、ゴルバチョフは外国人が立ち入れなかったウラジオストクの閉鎖都市解除も示唆した。ヘルシンキ会議と同じようなアジアの「太平洋会議」を広島で開催することを提唱した。モンゴルからのソ連軍の撤退をモンゴル指導部と交渉中であることもこの演説で明らかにした。

ソ連軍の撤退は八八年五月に開始され、八九年二月十五日に撤退を完了した。約九年間の戦争で投入された兵力は六十二万人。そのうち一万五千人が死亡したといわれる。アフガニスタンは「ソ連にとってのベトナム化」であった。このアフガンからのソ連軍撤退の実行は、国際社会に歓迎され、ゴルバチョフ新思考外交の推進を容易にした。

(2) 「欧州共通の家」構想

ゴルバチョフは八五年九月末から十月初めにかけて、書記長としての初の外遊先フランスのパリで、大西洋からウラルまでを一つの領域にするという「欧州共通の家」構想を明らかにした。当時としては、余りにも突飛な構想であった。ある者は非常に勇気ある構想だと称賛したが、新手のプロパガンダだと一蹴する者もいた。不まじめな考えだと非難するものさえいた。当時、この構想が徹底的に考えられ、熟成したものであり、冷静な知識に基づいていることを知っていたのは、ごく限られた少数の者だけで、彼らは欧州が東西に分かれた現状を維持するのはもはや不可能だということも知っていたとシェワルナゼは言う。もしこれが真実ならば、ゴルバチョフらこの構想を練り上げた人たちの先見性には脱帽せざるを得ない。

「欧州共通の家」構想は欧州における新思考外交の基本となった。訪仏直前、フランスのテレビでゴルバチョフは次のように分かりやすい言葉で語った。

「われわれはあなたたちと共にこの欧州に住んでいる。われわれには明確な伝統がある。その歴史からわれわれはそれなりの教訓を引き出し、この歴史に学んでいる。いずれにしても、欧州人は英知に事欠かない。人類文明の発達のいかなる面を取り上げても、欧州人の貢献は莫大である。ある者はそちらから、また、ある者はこちらからと、出入り口は違っても、われわれは同じ家に住んでいるのです。この家の中で協力し、コミュニケーションを調整することが、われわれには必要なのだ」

ゴルバチョフがこの「欧州共通の家」構想を明確に打ち出したのは八七年四月のチェコスロバキア訪問の際だった。同国は地理的にはちょうど欧州の中心に存在している。首都プラハでの演説でゴルバチョフは熱意を込めて構想を力説した。

「新思考の光の中で、われわれは『欧州共通の家』構想を提唱した。これは美しい幻想ではなく、大陸情勢の真剣な分析の結果である。このイメージの意味するところは、何よりもまず、異なる社会体制に属し、対立する政治・軍事ブロックに入っている国々による明確な統合体の承認である」

八八年秋に訪ソしたフランス大統領ミッテランは「素晴らしい方式だ」とゴルバチョフの構想に賛意を表明した。同じころイタリア首相チリアコ・デミタも、西独首相コールも構想の支持に回った。この構想を進める具体策の第一歩として、八九年三月ウィーンで欧州通常兵力(CFE)削減交渉が始まったのである。

後述する東西両ドイツの統一も、同構想の延長線上にあった。

(3) シナトラ・ドクトリン

一九八九年、東欧では大きな変革のうねりが起きた。ポーランドの場合、「連帯」主導の連合政権が誕生、ハンガリーでは共産党が社会党へ改名した後、国名から「人民」を削除し、事実上、共産主義ドクトリンの放棄に踏み切ったが、政権を失った。

そして東ドイツでは十八年間続いたホーネッカー体制の崩壊とクレンツ政権の成立。新政権は改革路線を一気に突っ走り、一カ月もたたないうちに、国民の出入国自由化政策を打ち出し、ついには東西冷戦の象徴だった「ベルリンの壁」に穴が開くという画期的な展開となった。さらにクレンツの辞任の後、九〇年三月の建国以来初めての自由選挙で、保守派「ドイツ連合」が勝利した結果、ドイツ統一の機運が一気に加速された。

ソ連に一番近いと言われながら政治改革には消極的だったブルガリアでも、三十五年間にわたって政権を担当していたジフコフが辞任。ムラデノフ政権がスタートし、共産党は社会党と改称された。チェコスロバキアでは改革や民主化を要求するデモが連日繰り広げられた。二十五年間続いたルーマニアのチャウシェスク独裁体制は八九年十二月、仮借《かしゃく》のない弾圧に対する民衆の怒りの前にあっけなく崩壊した。チャウシェスク夫妻は即決裁判で処刑されるという東欧では唯一の流血革命が断行された。ちなみに筆者はチャウシェスク全盛時代に首都ブカレストを訪れたことがあるが、電力不足で夜の街が暗かったこと、いたるところチャウシェスクの写真で溢れ、チャウシェスク個人崇拝にへきえきしたことを覚えている。

八〇年代の東欧は歴史的な激震で幕を閉じた。その激震の震源地はいうまでもなく、ゴルバチョフのソ連、ゴルバチョフの新思考外交であった。ゴルバチョフは書いている。

「当然のことながら、ハンガリー、チェコスロバキア、次いでルーマニアとブルガリアで起きたことは、われわれソ連指導部に大きな不安を与えた。だが、新思考政策の基本原則、選択の自由と内政不干渉を放棄しようという考えはいささかも頭に浮かばなかった」（『ゴルバチョフ回想録・下』前出）

八九年十一月に来日した政治局員兼書記ヤコブレフは「東欧諸国で民主化が進んでいるのは、歴史の当然の流れだ。外部から干渉してはならず、冷静に見守る必要がある」と中曽根元首相に語った。東西両ドイツの統一阻止に軍隊を出すかと問われたヤコブレフは「どのような国であれ、軍事力を用いる事は、わが国ではアナクロニズム、時代錯誤である。干渉するならば冷戦に逆戻りする。全人類の破滅だ」と答えた。

当時の報道、コメントを振り返ると、あの時点で、西側そして、日本でも一部の国際問題の中に、ゴルバチョフが軍事力で東欧の自由化を阻止するのではないかと疑ってかかる、「冷戦思考」から抜け出せなかった（抜け出そうとしなかった）石頭の者が少なくなかった。

ソ連などワルシャワ条約五カ国軍は六八年八月「プラハの春」を戦車で押し潰したが、そのときの大義名分が制限主権論つまり、ブレジネフ・ドクトリンであったことは前にも触れた。このブレジネフ・ドクトリンに代わってゴルバチョフ時代に言われたのがシナトラ・ドクトリンであった。米国の有名な歌手フランク・シナトラのヒット曲「マイ・ウェイ」に由来するもので、新思考に基づいて東欧諸国の独自路線を容認するという対東欧政策の基本原則を意味した。それはまた、軍事的な干渉をも排除するものだった。当時ソ連外務省情報局長だったゲンナジー・ゲラシモフの創作であった。

東欧諸国の自由化の嵐、独自路線の機運と、ゴルバチョフのソ連の非干渉政策の結果、九〇年九月に西独との統一を決めた東独をはじめワルシャワ条約機構加盟各国の脱退の動きが相次いだ。

ついに同機構の六カ国代表が九一年七月プラハに集まり、解体条約に調印した。同時に各国に駐留していたソ連軍の撤退が始まった。五五年五月に北大西洋条約機構《NATO》に対抗して作られたこの東側の政治・軍事同盟は約三十六年間の歴史の幕を閉じた。しかし、ＮＡＴＯは現在なお存続している。のみならず、東側からの加盟国を増やし拡大中である。

(4) 東西ドイツ統一

かつてのブラント「東方外交」で進展したソ連・西独関係は八〇年代初めに一時凍結したかに見えた。

しかし、ゴルバチョフの新思考外交によって米ソ関係の改善が進むと、ソ連と西独関係にも好ましい影響が現れ、西独首相ヘルムート・コールの初訪ソ（八八年十月二十四日）につながった。この初会談でゴルバチョフとコールの両首脳は最初から意気投合し、政治的だけでなく個人的な良好関係が固まったとゴルバチョフは振り返る。間違いなく独ソ関係に「新しい章」（ゴルバチョフの言葉）が開かれた。

そしてゴルバチョフは八九年六月十二日にボン（西独首都）を答礼訪問する。ゴルバチョフの西独訪問はブレジネフ時代の七五年以来十四年ぶりだったが、ソ連に対する西独の人びとの態度や雰囲気の大きな変化に驚かされたと述懐している。十三日に両首脳は独ソ共同宣言に調印したが、これは制限主権論を放棄したものであった。

実際に、ドイツ統一問題が大きく動き出したのは九〇年二月のオタワ（カナダ）会議だった。

さらに、ゴルバチョフは九〇年七月訪ソしたコール首相とともにロシア共和国南部のスタブロポリに向かい、ヘリでカフカス山脈のアルフィズ峡谷に降り立った。そこの別荘で会談が開かれた。ソ連はそれまで一貫して統一ドイツのＮＡＴＯ帰属に反対していたが、このソ連・西独首脳会談の結果、ゴルバチョフはこの主張を取り下げた。これによってドイツ統一の障害が最終的に取り除かれた。

ゴルバチョフは九〇年十一月九、十の両日ボンを訪問した。そこは既に統一されたドイツであった。ゴルバチョフの訪独に合わせて独ソ善隣友好協力条約が正式に調印された。その一カ月前の十月三日、東西両ドイツは統一ドイツの結成で合意に達していた。

⑸　バチカンとの和解

ゴルバチョフが回想しているように、ソ連時代を通じて、クレムリンとカトリック総本山との関係は極めて敵対的であった。バチカンとは反動主義、反啓蒙主義の根源にほかならないというのがソ連側からの見方であった。

八八年夏、ゴルバチョフは、ロシア正教一千年祭の式典に参加するために訪ソしたバチカン国務長官アガスチノ・カザロリ枢機卿《すうききょう》とクレムリンで会見した。カザロリは、バチカンはペレストロイカを多大な注目、関心、期待をもって見守っていると明言した。ゴルバチョフは次のように述べた。

「われわれ誰もが心配していることは人類の問題であり、したがって人道主義に基づいて国際関係を発展させねばならないということだ。これが一番大切である。ソ連が国際政治において新思考を進めるのもこのためだ。われわれは無神論者であり、あなたがたは信者だ。われわれは自らの責務として、人道的な人間社会を実現するように、人びとの生活がよくなるように、また核兵器やその他の兵器、環境汚染、道徳的基盤の崩壊といったものが人びとの生活を脅かさないよう努力している。つまり、人類の普遍的価値を問題にしているのだ。したがって、われわれとあなたがたの立場の差異を乗り越えて、見解が一致する、または相似する問題については協力を進めることができるのではないだろうか」(『ゴルバチョフ回想録・下』前出)

ローマ法王ヨハネ・パウロ二世からの親書を受け取ったゴルバチョフは法王への伝言を依頼した。カザロリは別れ際、「次はイタリアでお目にかかりましょう」と言った。この会談がゴルバチョフの歴史的なバチカン訪問につながった。

ゴルバチョフは八九年十一月末にイタリアを初めて訪問したが、その足で十二月一日、バチカンを訪れた。カトリックの総本山ローマ法王庁を訪問したソ連指導者はゴルバチョフが初めてであり、ゴルバチョフ新思考外交の真骨頂であった。

ヨハネ・パウロ二世はゴルバチョフを温かく迎え、二人は歴史的な会談を行った。両者は、ソ連国内における信教の自由の拡大の必要性や両国間の国交樹立などで合意した。一九一七年のロシア革命以来七十余年に及んだソ連政権とカトリック教会との対決に終止符を打つという「歴史的な和解」の瞬間であった。会談でゴルバチョフはペレストロイカへの支持を法王から取り付けた。

ゴルバチョフは会談の席上、「ソ連には、キリスト教、イスラム教、仏教などさまざまな信仰をもつ人びとが住んでいる。彼らは皆、精神的な欲求を満たす権利をもつ。ソ連では近く、宗教の自由法が制定されるであろう」と述べた。九〇年九月「信教と宗教組織の自由に関する法律」と題するソ連で初めての宗教法案がソ連最高会議で基本承認され、十月一日に発効したことは前項で触れた。

バチカン政府は九〇年三月十五日、ソ連と公式関係を樹立し、特命大使の交換を行うと発表した。バチカンは東欧の民主化に伴い、ポーランド（八九年七月）、ハンガリー（九〇年二月）、チェコスロバキア（九〇年四月）などとも相次いで復交し、活発な東方外交を展開し始めた。ゴルバチョフは九〇年十一月、訪欧の際に、再度バチカンを訪れ、一年ぶりにローマ法王と再会した。ゴルバチョフは法王について最大級の賛辞を贈っている。

(6) 中ソ関係改善

六八年のチェコスロバキア事件直後、中国は「ソ連裏切り者集団」を「社会帝国主義」と名指しした。中ソ対立は六九年春の国境における武力衝突事件でピークに達したことは既に解説した。

ブレジネフ政権末期には。中ソ対立も沈静化したが、完全な改善までにはゴルバチョフ政権の登場を待たねばならなかった。

ゴルバチョフは八五年三月十一日の党書記長就任演説で「われわれは中国との関係の抜本的な改善を望んでおり、この問題は相互主義の原則のもとで可能であると見なしている」と述べ、中ソ関係改善への意欲を示した。八五年三月と十二月に副首相李鵬とモスクワで会談しており、対中関係正常化を求めるゴルバチョフ政権の意図を伝えた。

八六年二月下旬のソ連共産党第二十七回大会での演説でゴルバチョフは「偉大な隣国で社会主義国家の中国とソ連との相互関係における一定の進展に満足している」と言明した。そして、八六年七月の極東ウラジオストクでの演説でゴルバチョフは中国側との対話の用意があることを明らかにした。

八八年九月のクラスノヤルスク演説でゴルバチョフは、アジア太平洋政策に関する重要な提案を行った。アジア太平洋地域における核兵器の数量凍結、在フィリピン米軍基地とベトナム・カムラン湾のソ連軍基地の相互放棄など七項目である。そして、中ソ首脳会談の早期実現を訴えた。

アフガニスタンおよびモンゴルからのソ連軍七万五千人の撤退という中ソ関係への好ましい環境作りが進められた。中国側が要求していたカンボジアからのベトナム軍の撤退もソ連の働きかけで実現する方向にあった。中ソ関係の対立や、近隣諸国への軍隊駐留は、国の経済にとっても大きな負担であった。シェワルナゼによると、中ソ国境に大規模な兵力を張り付けていることで、少なくとも二千億ルーブルもの金を費やした計算になるという。したがって、中ソ関係改善や各国からの軍隊撤退は内政要因から出た措置という側面もあるが、国際環境の緊張緩和に役立つという一石二鳥の効果があったことも見逃せない。八九年二月四日、外相シェワルナゼは上海で鄧小平と会談した。十一日後にはアフガニスタンからのソ連軍の撤退が完了する予定であった。そして三カ月半後のゴルバチョフ訪中（同年五月十六日）の先駆けとなる会談であった。

ゴルバチョフの中国訪問は、五九年十月のフルシチョフ訪中以来三十年ぶりのソ連最高指導者の中国訪問であった。ゴルバチョフと最高指導者鄧小平（中央軍事委員会主席）はじめ江沢民、楊尚昆、李鵬といった中国側首脳との一連の会談によって、社会主義建設の多様な道を再確認するとともに、両国間の疑念や不信感は一挙に拭い去られ、国境での軍事的な対立の解消に向けての交渉が始まったのである。

会談後に調印された中ソ共同コミュニケは、八〇年四月に失効した「中ソ友好同盟相互援助条約」に代わるものであった。

民主化を望む中国市民はゴルバチョフ訪中を歓迎し、これが民主化へのきっかけとなるのではないかとの期待が膨らんだ。その結果、天安門事件という悲劇を招いた。これは八九年六月三日深夜から四日未明にかけて、北京の天安門広場で起きた流血事件だ。民主化を求めて、広場に集まっていた学生や市民に軍が発砲して死者二百人以上、負傷者約三千人という多数の死傷者が出た。

ゴルバチョフ訪中はまた、長年イデオロギー論争を展開していた両国共産党の対立関係にも終止符を打った。このことは中国共産党総書記趙紫陽との会談で確認された。九〇年四月の李鵬のソ連再訪問、九一年五月の中国共産党総書記江沢民の訪ソと続き両国首脳の信頼関係はより一層固まった。江沢民の訪ソは毛沢東が五七年に訪ソして以来三十四年ぶりの中国最高指導者のソ連公式訪問であった。このとき、「中ソ東部国境協定」が調印された。

(7) 韓国との国交樹立

アジアでの新思考外交の象徴的な出来事の一つは韓国とソ連の国交樹立である。ゴルバチョフ以前のソ連では全く想像もできなかったことだった。ソ連は同じ社会主義国としての北朝鮮（朝鮮民主主義人民共和国）を同盟国扱いしてきた。北朝鮮も朝鮮戦争（一九五〇年六月～五三年七月）以来、ソ連との同盟関係を誇示していたが、中ソ対立が深刻化するにつれて、ソ連につくか、中国につくか迷った時期もあったようだ。結局、最高指導者だった金日成はチュチェ（主体）思想なるものを編み出し、金日成・金正日親子体制を確立した。ゴルバチョフは回想録の中で、北朝鮮の体制を「社会主義的君主国」と名付けた。

八六年十月末に金日成はソ連を訪問した。しかし、ペレストロイカを進めるゴルバチョフ政権下のソ連は居心地のいいものではなかったと見られる。北朝鮮は八八年五月初め副首相兼外相の金永南をモスクワに送って「新思考の政策を待ち受けている危険」についてゴルバチョフ政権に警告を発しようとした。ゴルバチョフによれば、これを慇懃に、しかし、きっぱりとはねつけたという。

一方、八八年二月に誕生した韓国の盧泰愚政権は八八年七月から北方外交を打ち出し、北朝鮮への宥和《ゆうわ》政策を取り始めた。この北方外交とゴルバチョフの新思考外交がうまくかみ合ったのは言うまでもない。

まず八八年九月から十月にかけて開かれたソウル・オリンピックにソ連は選手団を送り込んだ。北朝鮮はこのソウル五輪へのソ連の参加に猛烈な反発を示した。これ以来、ソ連の韓国政策を非難し続けた。

ソウル五輪開幕の前日（九月十六日）のクラスノヤルスク演説でゴルバチョフは、「朝鮮半島の全般的な健全化の文脈の中で、南朝鮮との経済関係を調整する可能性が開かれる」と述べて、韓国との関係を打開していく姿勢を示唆した。八九年二月には東欧のハンガリーが韓国との国交樹立を実現したが、この動きがソ連の了解を得ていたことは疑いない。同年四月にはモスクワとソウルに貿易代表部が設置され、経済と人的交流の面で両国の関係は着実に前進した。

ゴルバチョフが初のソ連大統領に就任した九〇年三月、韓国与党の民主自由党最高委員金泳三が訪ソした。驚くべきことに、ゴルバチョフが会見に応じたのだ。国交もない国の有力政治家と会談したのは極めて異例だった。会談は三十分にわたり、金泳三は首脳会談を希望するという盧泰愚大統領の親書をゴルバチョフに手渡した。金泳三はヤコブレフ（政治局員）とも会談した。

そして、三カ月後の六月四日、盧泰愚はサンフランシスコのホテルで訪米中のゴルバチョフと会い、初めての韓ソ首脳会談を実現させた。両者は国交樹立に基本的に合意した。これで急速に両国は接近し、同年九月三十日ニューヨークでのシェワルナゼ・崔浩中両外相会談では、国交樹立時期を九一年一月一日と決まっていたのだが、韓国側の主張で九月三十日に両国外相が外交文書「韓ソ共同宣言」に調印した時点で繰り上げて国交樹立とすることで合意した。ちなみに中国と韓国の国交樹立は九二年八月であった。

このソ連の韓国との国交樹立政策は、九月初めにシェワルナゼが平壌を訪れて、事前に北朝鮮に通告していた。両国には六一年に締結したソ朝友好協力相互援助条約があるため、条約にしたがってソ連は北朝鮮と事前協議を行ったのである。しかし、北朝鮮は不快感を示すために、五百人から七百人いたソ連留学生を全員引き揚げさせたことを付言しておく。

なお、九〇年十二月二十九日付けの「コムソモリスカヤ・プラウダ」紙によれば、シェワルナゼの平壌訪問の際、金永南は「ソ連が韓国と国交樹立をするのであれば、こちらは核兵器を製造する権利を留保する」と警告したのだという。北朝鮮は平和利用目的でソ連から原子力技術を供与されていたが、同紙は、平壌郊外に「研究所」と称しているが、ソ連人技術者も立ち入れない原子力関連の秘密工場があると伝えた。

九〇年十二月十三日には盧泰愚がソ連を四日間公式訪問した。韓国の元首の訪ソはもちろん、これが初めてであった。ゴルバチョフは答礼訪問として、九一年四月の訪日の後、済州島へ立ち寄った。韓国側はゴルバチョフのソウル訪問を希望したが、ゴルバチョフ在任中はついに実現しなかった。

第5章　ゴルバチョフと池田の交流

1．米ソ核軍縮の動き

ゴルバチョフの新思考外交の真骨頂は第一に、核軍縮への努力である。まず、ゴルバチョフは八五年三月十一日、ソ連共産党中央委員会臨時総会での党書記長就任演説の中で、次のように強調した。

「今日のように、恐るべき脅威が人類に差し迫ったことは、これまで一度もなかった。現状から脱出する唯一の理性的な道は、地上において軍拡競争――何よりもまず核軍拡競争をただちに停止し、宇宙においてそれを許さないことについて、相対立する勢力が合意することである。相手側を〝ゲームで負かして〟自己の条件を押し付けることのない、誠実で平等な基盤に基づく合意である。望ましい目的――核兵器の完全な廃絶と永久禁止、核戦争の脅威の完全な排除に向かってすべての人びとが前進することに役立つ合意である。このことをわれわれは、強く確信している」

続いて、ゴルバチョフは四月八日付けのソ連共産党機関紙「プラウダ」編集部とのインタビューで、「われわれは誠実な対話を目指している。そこで、強調しておきたいが、本日からソ連は中距離核戦力《INF》ミサイルの配備に対するモラトリアム（凍結）を実施し、その他の欧州での対抗措置の実施を停止する。モラトリアムの実施期間は本年十一月までとする。その後われわれがいかなる決定を下すかは、米国がわれわれの例にならうかどうか、米国が欧州での中距離核ミサイルの配備を停止するかどうかにかかっている」と述べた。つまり、中距離核の欧州配備の一方的凍結を発表したのである。西側の反応は「半信半疑」というより、「単なる宣伝」であった。

ゴルバチョフは同時に、レーガン米政権（八一年一月〜八九年一月）が推進しようとしていたSDI《戦略防衛構想》、つまり宇宙での核戦争計画《スターウォーズ》をSF小説まがいの「空想」に過ぎないと一蹴《いっしゅう》した。

さらに、党中央委四月総会（四月二十三日）でゴルバチョフは内外政策について所信を披瀝したが、外交政策の部分で、核軍縮に触れている。

「一九八二年以降、ソ連の核兵器先制不使用の一方的宣言が効力を保っている。八三年以降、衛星攻撃兵器を先に宇宙に打ち上げることに対する一方的モラトリアムが効力を保っている。これらのイニシアチブのどれ一つに対しても米国政府はそれにこたえる善意のそぶり一つさえ見せていない。それどころか、戦争の危機の緩和や合意の達成を目指すソ連の行動を極力ゆがめて描き出し、これに対する不信感を起こさせようと試みている。要するに、これに呼応する前向きの措置を何とか回避しようとして、あらゆる努力がなされている。米国政府が、われわれの提案に対して紋切り型のおなじみの〝ノー〟で答える性急さにも驚かないわけにはいかない。そのことは、米国に理性的な結果に事態を導こうとする意志のないことをはっきり物語っている。一つだけ言おう。軍拡競争と軍縮交渉を両立させることはできない。このことは、偽善に陥り、世論を欺くことを目的としない限り、明らかだ。ソ連はそうした路線に手を貸しはしない」

今、改めて八五年前半を振り返って見て、ゴルバチョフの粘り強い軍縮攻勢が一貫していたことに驚きを禁じ得ない。単なる「平和宣伝」以上のものを感じるのは筆者だけであろうか。ゴルバチョフ政権誕生から四カ月しか経っていなかった八五年七月二十九日、ソ連共産党書記長声明の形で、ソ連は米国に対して大胆な軍縮提案を行った。

粘り強いゴルバチョフの軍縮提案

「八月六日以降、あらゆる核爆発を一方的に停止する決定を採択した。われわれは米国政府に対し、広島の悲劇の日として全世界が記念するこの日から核爆発を停止するよう呼びかける。われわれのモラトリアムは本年いっぱいとする。しかし、米国の方が核爆発の実験を控えるなら、その後も有効とする。ソ米両国のあらゆる核爆発に対する相互のモラトリアムが、核の保有国にとってもよい手本となるであろうことは疑いない。ソ連は、米国がこのイニシアチブに肯定的に応じ、自国の核爆発を停止することを期待する」

しかし、レーガン米政権下の米国の反応は相変わらず、にぶかった。

ゴルバチョフはあらゆる機会をとらえて軍縮を訴え続けた。ゴルバチョフ発言すべてを紹介すると、それだけで、分厚い本になってしまうので、残念ながら、詳しく紹介できないが、とにかく、ゴルバチョフは精力的に、国内、国外を問わず会議の席上、あるいは寄せられたメッセージへの回答の形で、あるいは訪ソした外国の代表団との会談の中で、それこそ、日本語で言う口を酸っぱくしてというくらい、核軍縮への説得を試みている。いつかは理性ある人びとにその真剣さが分かってもらえるだろう、との期待を秘めていたようだ。

だが、当時、厳しい米ソ冷戦のさなか、ゴルバチョフの善意と願望は、すんなりとは受け入れられなかった。時代が悪かったとしか言いようがない。欧米それに日本でも、ゴルバチョフ軍縮提案の真意、ゴルバチョフの真剣さを読み取れず、単なる宣伝に過ぎないと受け取られたのだ。最終的には、ゴルバチョフの熱意が、頑《かたく》ななレーガンを動かすまでに至るのである。この点はいくら強調してもし過ぎることはない。

さしものゴルバチョフも、いらだちは隠さなかった。八五年八月二十八日付けの米誌「タイム」とのインタビューで、ゴルバチョフは次のように率直かつ分かりやすい言葉で、米側の反応への失望と怒りを隠さなかった。

「われわれの提案が、米国の責任ある政治家たちにどうしてあれほど露骨な不満を引き起こしたのか、理解できない。ソ連の提案が純然たる宣伝であって、それ以上のものではないと見せかける試みがなされたのは、周知の事実だ。少しでも問題の本質を知っている人なら、われわれの提案の背後にあるのは、極めて真剣な意図であって、世論を誘導しようという目論《もくろ》みではないことを、たやすく見て取ることができる」

ゴルバチョフは、ソ連が行っていることすべてを、専ら、宣伝に過ぎないと見るのであれば、

平和への行動

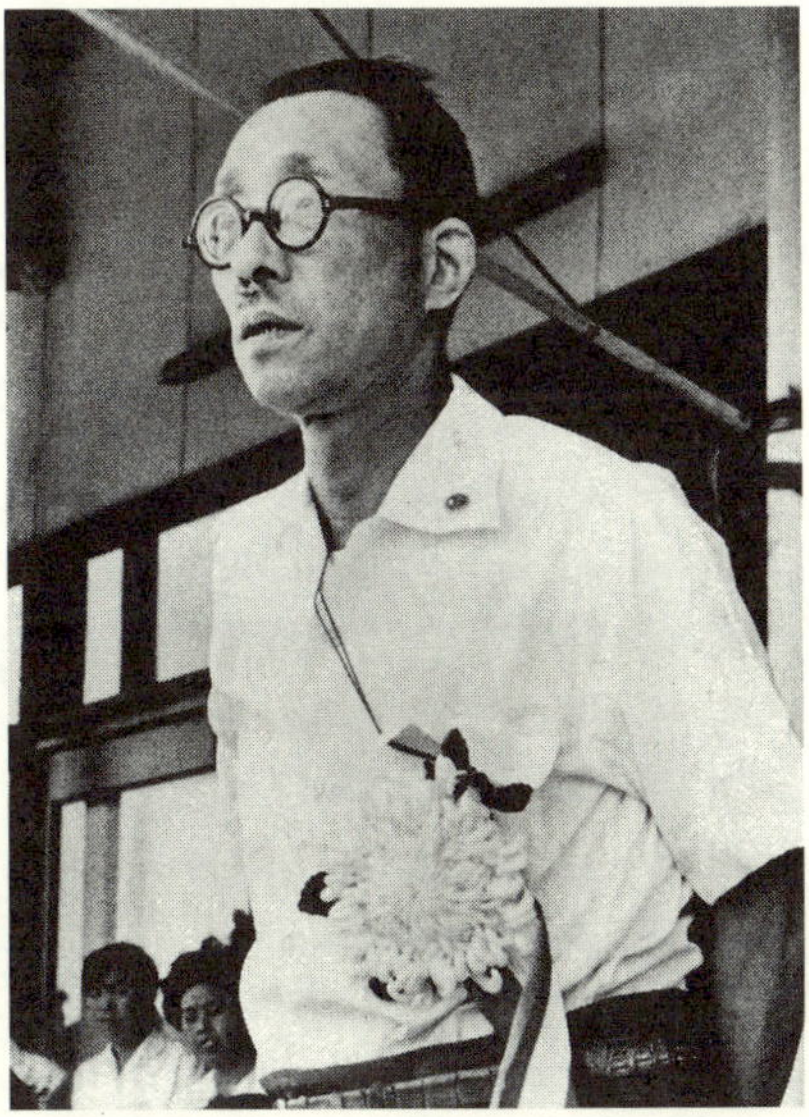

'57年9月8日、創価学会第二代会長・戸田城聖は、「原水爆禁止宣言」を発表

'87年2月号のソ連『新時代』誌は、'86年1月、ゴルバチョフの「20世紀中に3段階に分けての核兵器全廃」提案を支持する池田のコメントを掲載。英語、ドイツ語、フランス語等、数カ国後で紹介した

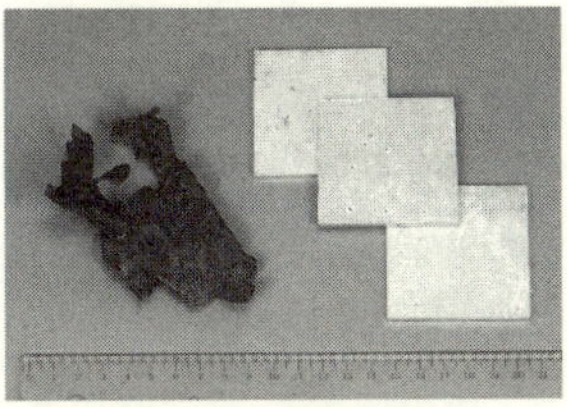

'88年10月、ソ連平和委員会から届けられたINF(中距離戦略核ミサイル)の破片

'87年12月17日 ソ連外務省次官アダミシンは特使として来日。米ソ首脳会談とINF全廃条約締結について説明する。左から駐日大使ソロビヨフ、中央がアダミシン特使

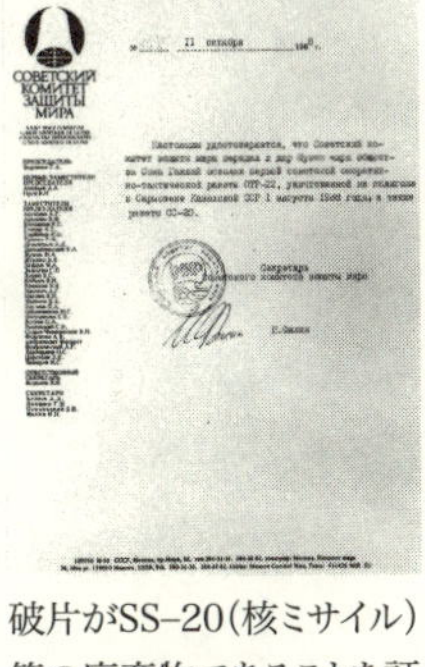

破片がSS-20(核ミサイル)等の廃棄物であることを証明する池田宛の書状

なぜ「目には目を、歯には歯を」の原則でそれに応えないのかと問い、さらに「われわれは核爆発を停止した。あなたがた米国人も、これに対抗して同じことをやればよいではないか。それに加えて、例えば、新型核ミサイルの一つの開発を中止するなど、もう一つの宣伝上の打撃を、われわれに加えればよいではないか。そうすれば、われわれも同様に〝宣伝〟で、これに応《こた》える。これに類したことを、その先も続ければよい。一つうかがいたいのだが、このような〝宣伝〟合戦で誰が被害を受けるであろうか。もちろん、これは軍備制限の包括的協定にとって代わることはできないが、このような協定への重要な一歩となることは間違いない」と真剣に説いた。

チェルニャーエフは『ゴルバチョフと運命をともにした二〇〇〇日』の中で、この「タイム」誌とのインタビューについて次のように書いている。

「(このインタビューの)テキストは、みんなをびっくりさせた。外国人を前にした彼の最初の告白である。国にとっても、構想や政治スタイルの面で少しカーテンが開けられた感じだった。(中略)ゴルバチョフはもちろん、米国人たちの前でテキスト(筆者注・雑誌編集者の質問に対して側近に作成させた回答文書)を朗読せず、ただ『手渡した』だけで、対談を始めた。その速記録はあらかじめ書かれたものよりももっと面白いものになった。率直さと、明快さで驚かせた。『哲学』は簡単だ。あなたがたは生きなさい。そしてほかの人たちにも生きることを認めなさい。そのようにわれわれは平和共存を理解する、というのだ。われわれに欠陥、弱点、遅れがあることについて率直に語った。しかもこれらすべてを、『帝国主義の巣窟《そうくつ》』の代表たちのテーブルに直接差し出したのだ。数十年間、われわれの自画自賛と楽観的宣伝に慣れていた彼らは、こういうことを全然予想していなかった。『タイム』誌とのインタビューは、センセーショナルな出来事であった。自己批判的楽天主義のこの精神は、彼らに正しく理解されただろうか。そして、肝心な点だが、彼らはしかるべき結論を導き出すだろうか」

そして、八六年の年頭ソ連が打ち出した核兵器全廃提案は国際的に大きな反響を呼んだ。しかし、これもまた「宣伝」と受け取られた。八六年一月十五日の書記長声明（クラスノヤルスク宣言）である。それは「二十一世紀までに三段階に分けて核兵器の全廃を目指す」という画期的な提案だった。

ゴルバチョフはこの中で次のように強調した。

「ソ連は今世紀末までの十五年間に、世界中の核兵器をなくすプロセスを段階的に一貫して実施し、完了することを提案している。二十世紀は原子エネルギーを人類に贈った。しかし、理性のこの偉大な獲得物は、人類にとって自らを絶滅する道具となりかねない。この矛盾をわれわれは解決できるだろうか。われわれは解決できると確信している。核兵器廃絶の効果的な道を見いだすことは、直ちにその解決に取り組むならば、解決可能である。ソ連は核破局の恐怖から人類を解放するプログラムの実現を八六年から開始することを提案している。国連が今年（八六年）を国際平和年と宣言したことも、政治的、道徳的刺激になっている」

こう述べてゴルバチョフは核軍備の完全廃絶までの削減手順を具体的に示した。そして「核軍備を不要にするためと称して新たな、人類にとって極めて危険な宇宙兵器の開発にこれから十年も十五年も費やす代わりに、これらの軍備そのものの廃絶に着手し、究極的にはそれをゼロにする方が理性的ではなかろうか。繰り返すがソ連はまさにそのような道を提案しているのである」と強調したうえで、次のように言明した。

「平和の維持、核戦争の脅威からの人類の救済が問題になっているとき、傍観や無関心があってはならない。これは、全人類の、そして各個人の問題である。ここでは、大国であれ小国であれ、社会主義国であれ、資本主義国であれ、すべての国の寄与が重要なのである。ここではすべての責任ある政党、すべての社会団体、すべての人の寄与が重要なのである。この崇高な目的達成のためにすべての努力を一つに結集すること以上に差し迫った課題、これ以上に気高く、人道主義的な課題はない。われわれの世代は、子孫の肩に負わせることなく、この課題を遂行しなければならない。これが時代の要請であり、さらに言えば、二〇〇〇年代の開始までに残された期間における、われわれの決定と行動に対する歴史的な責任の重荷なのである」

この書記長声明を読むと、「理性の声」とか「理性的な責任」「理性的な査察」あるいは「理性」といった言葉が使われていることに注意したい。そして、ゴルバチョフはすべての社会団体に同調を呼びかけたのであった。

核軍縮を念願する池田の反応

ゴルバチョフ提案に、核軍縮を念願してきた創価学会インタナショナル（ＳＧＩ）会長池田は直ちに反応した。彼はノーボスチ通信（'86・1・27）に要旨次のような所信を寄稿した。

1．ゴルバチョフ書記長が今世紀末までに三段階方式で、核兵器を全廃しようとの新軍縮構想を発表、レーガン米大統領もこれを評価し、前向きの「検討」を約束するなど、核軍縮への注目すべき動きが出ていることを、率直に歓迎したい。

2．二十一世紀へ向けて、最も憂慮すべき事態は、宇宙の軍事化である。その意味でゴルバチョフ書記長が、宇宙兵器の開発で時間を浪費するより、「核兵器の廃絶を開始し、最終的にゼロにする方がよほど賢明ではないか」と述べている点を、細部の論議はともかく、その方向性において評価したい。

3．（核）戦力の問題については、米ソ両国間で議論が分かれていることは承知している。しかし、相互不信に根ざした抑止力信仰に依存していては、軍縮交渉は一歩も前進しない。かえって軍拡を招いてしまうことは、戦後の交渉史が証明している。従って、今年、来年に予定されている米ソ首脳会談では何よりも、そうした相互不信の解消に努めてほしい。そして核廃絶に至る前提条件として核凍結措置の合意を期待したい。

4．ゴルバチョフ提案では、ヨーロッパの中距離核戦力の全廃構想は提示されているが、極東配備のＳＳ20などについては、言及されていない。歴史の流れを踏まえ、アジアにも均等に目を注ぐべきである。

5. 核兵器の陰に隠れて、通常兵器はともすれば野放しにされがちである。第二次世界大戦後、通常兵器による戦争の犠牲者が二千万人に上っている事態を考えれば、核軍縮と連動して、通常兵器の軍縮問題も、検討課題とされるよう期待したい。

ゴルバチョフ政権初のソ連共産党第二十七回大会が八六年二月に開催され、ゴルバチョフが長大な政治報告を行った。この中で彼は自らの外交哲学を次のように説明した。

「転換的な状況は、内政だけに限らず、対外問題でも特徴的なものになっている。現代世界の発展の諸変化は余りにも深刻であり、その発展のすべての要因の見直しや総合的な分析が求められており、核対決の情勢は、相異なる社会体制、諸国家、諸地域間の相互関係への新しいアプローチ、新しい方法と形態を必須なものにしている」

このような外交面の新思考を背景に、ゴルバチョフは大胆な提案をした。同年のヒロシマ・デー（八月六日）以降八六年いっぱいまでの一方的な核実験モラトリアム（凍結）延長宣言である（八六年八月十八日のテレビ演説）。そしてこの宣言の根拠を要旨次の三つに分けて説明した。そこには、核・宇宙時代のゴルバチョフ新思考外交哲学の基本が盛り込まれた。二十一世紀の今日の世界でも傾聴に値する発言である。

折から、反ソ反共を標榜《ひょうぼう》したタカ派のレーガン米政権によって前述のＳＤＩ構想、つまり「宇宙での核戦争《スターウォーズ》」計画が打ち上げられた時期であった。それだけに、今改めて読み返すと、この反核のゴルバチョフ発言の真剣さを理解することができよう。

「第一に、核兵器その他のあらゆる兵器が山積されていたのにもかかわらず、軍拡競争はその速度を緩めるどころか逆に速めて、しかも、宇宙に波及する危険が生じた。（中略）人類が核の奈《な》落《らく》に転落するのを食い止める可能性が減少していることを強調するのは重要なことである。ぐずぐずしてはおれない。そんなことをしておれば、その管理について取り決めることがそもそも不可能になるほど手の込んだ軍備システムが出現するであろう。（中略）〝恐怖の均衡〟は抑止要因ではなくなってきているのだ。（中略）今では誰の目にも全く明らかになったことだが、政治目標を達成する手段としての戦争という古い考えは時代遅れとなった。核時代にあっては、こうした時代遅れのドグマは全世界の火災を招きかねない政策の培養基《ばいようき》となる。

第二に、モラトリアムの決定は、（中略）文明の運命に対する自己責任の深い理解に基づくものである。

第三に、現代世界は複雑多様で矛盾に満ちている。と同時に、この世界は客観的にますます相互に依存し合うまとまったものとなってきている。現実主義的に対外政策を構築するためには、二十世紀末の人類共同体のこの特殊性を対外政策の中で考慮しないわけにはいかない。そうしなければ、正常な国際関係は生まれず、その関係は必然的に熱に浮かされたようなものになり、ついには破局的な対決が生じることになる。核時代以前の思考は、四五年八月六日に事実上その意義を失った。こんにちでは、他の諸国、諸国民の安全の考慮なしに、自らの安全を保障することはできない。平等と包括性に欠けるならば、真の安全はあり得ない、これ以外の考えをすることはすなわち、幻想の世界、自己欺瞞《ぎまん》の世界に生きることである。現代世界が必要としている新思考は、この世界を誰かの世襲領地であるかのように見る考え方とは両立しないし、他国に〝恩恵を与えて〟庇護《ひご》したり、誰がどう振る舞うべきか、どの道を選ぶべきか——社会主義か、資本主義か、あるいはその他の道か——について教訓を与えたりする試みとも両立しない」(「中央公論」誌'86・12月号寄稿の拙論「新戦略に『転換の哲学』あり——ゴルバチョフ・ソ連の変貌」より引用)

ソ連は八六年一月十五日の書記長声明の中で、前年十二月三十一日に切れた核実験モラトリアムの三カ月延長を宣言したばかりだった。ゴルバチョフによる核実験モラトリアム宣言への同調呼びかけにもかかわらず、レーガン米政権はこれを無視し、モラトリアム期間中に二十六回もの核実験を強行した。ソ連は対抗上、八七年二月二十六日、モラトリアム中止に踏み切った。

後述するが、さらに池田は八六年一月十五日「クラスノヤルスク宣言」の一周年にあたり、ソ連の政治週刊誌「新時代」に一文を送り重ねて賛同の意を表している。

ゴルバチョフによる熱心な、しかも真摯《しんし》な軍縮攻勢には、さしものレーガンをも次第に動かすようになった。特筆すべきは、ジョージ・シュルツ(国務長官)とエドアルド・シェワルナゼ(ソ連外相)との信頼関係の深化が、米ソ軍縮交渉を促進したことだ。

シェワルナゼはそのころを回想して次のように書いている。

「八五年当時は、個人の心理面にも克服し難い障害があった。ソ米間の対話はいつも言葉の不自由な人間同士のようだった。両者の接触ははじめに中傷と非難の応酬ありきで、結局は無駄に終わった。ソ連と米国は、不信という岩とイデオロギーという玉石でつくられた壁に分断されていた。イデオロギーに侵された方策を採用したのはソ連代表だけではない。私は当時のレーガン米大統領と少なくとも十数回会談したが、そのたびに確信は深まった。（中略）彼はきまって、ソ連に対する『起訴状』を読み上げて会談を開始していた。そこではマルクス主義の確立者たちが引用されて、勝手気ままな解釈が論点ごとにちりばめられていた。（中略）米国の『ナンバーワン』としての彼は、イデオロギーのプリズムを通してソ連を悪の帝国とみなした。こうした見解を捨てるには、彼はソ連の人びとを色眼鏡を外して見る必要があった。それこそ、政治的真実の結実である。だがそうしたことが実現するのはまだ先のことで、こちらも目には目で応酬した。（中略）要するに、イデオロギーという観点から見れば、ソ米はよく似ていたわけだ」（『希望』前出）

シェワルナゼの外相就任から五年間にソ米首脳会談が七回、閣僚レベルの会談はそれ以上行われた。シュルツとの会談は三十五回目か三十七回目あたりで、もう何度目の会談か数えられなくなったという。シェワルナゼはジェームズ・ベーカー（筆者注・シュルツの後任者）とも十数回会っている。

ゴルバチョフ政権とレーガン、ブッシュ米政権との軍縮交渉をここで詳しく振り返るつもりはない。ただ、主なソ連側軍縮提案および軍縮合意だけは記しておきたい。

ゴルバチョフ政権はその誕生（八五年三月十一日）の直前、十五カ月ぶりに再開された米ソ包括的軍縮交渉（同年三月十二日ジュネーブ）を引き継いだ。この交渉の土台は、レーガン政権成立後初の米ソ首脳級ワシントン会談（八四年九月二十八日のレーガン・グロムイコ会談）および、同年十一月二十二日の米ソ新包括軍縮交渉開始合意であった。

①短・中距離核戦力（ＩＮＦ）の一方的欧州配備凍結を発表（八五年四月七日）

②核実験の一方的停止宣言（八五年七月二十九日、共産党書記長声明）

③二十一世紀までに三段階に分けて核兵器の全廃を目指す提案（八六年一月十五日クラスノヤルスク）

④八五年十二月三十一日に切れた核実験モラトリアムの三カ月延長を宣言（八六年一月十五日）

⑤ＩＮＦ全廃条約の調印および戦略核五〇％削減目標設定（八七年十二月ワシントン）

⑥ソ連兵力五十万人削減（八八年十二月国連演説）

⑦アフガニスタンからのソ連軍撤退（八八年二月に計画発表、同年五月撤退開始し、八九年二月に完了）

⑧通常戦力削減交渉開始（八九年三月）、その直後、五百発のソ連戦術核兵器の一方的撤去発表

⑨戦略兵器削減条約（ＳＴＡＲＴ）基本合意とＳＴＡＲＴ２の開始で合意（九〇年六月ワシントン）

⑥に関連するゴルバチョフ初の国連演説（八八年十二月七日）は画期的な内容を含んでいた。

ゴルバチョフは国連演説について、「裏返しのフルトン」、「アンチ・フルトン」を目指したと回想する。フルトンとは、四六年三月五日チャーチル元英国首相が例の「鉄のカーテン」演説をした訪問先の米ミズーリ州の都市名である。（第1章2．参照）

ゴルバチョフは国連演説の要点を　①すべての国は、ましてや強い国ぐには、まず第一に、自己規制と、外部への武力行使の完全な排除が求められている、②さまざまな国の多様な発展を実現する条件としての選択の自由の原則、③国家間関係の非（脱）イデオロギー化、④合法的な私的利益追求を含め、多くの分離主義的動機を捨て、人類の普遍的価値を優先させる道の共同模索――にまとめている。②は東欧諸国の「選択の自由」を容認する考えを明らかにしたものであった。

ゴルバチョフの核軍縮への真剣さを表明した歴史的な重要文書もここで紹介しておかねばなるまい。米ソ・レイキャビク首脳会談の翌月八六年十一月二十七日にゴルバチョフのインド訪問に際して、ラジブ・ガンジー（インド首相）と連名で発表された「デリー宣言」である。「核兵器と暴力のない世界の諸原則に関するデリー宣言」というのがフルネームだ。

ゴルバチョフは回想録の中で、この文書を「歴史的時点の枠内に限定されぬ卓抜な文書」と位置づけている。そこにはゴルバチョフ新思考外交が如実に反映されている。

同宣言は「核時代において、われわれは新政治思考、人類の存続を確実に保証する、平和に関する新たな概念を策定しなければならない。われわれが遺産として引き継いだ世界は、現在の、そして、未来の幾世代もの人びとに属するものである。このことを考えるならば、われわれは人類の普遍的な価値を最優先しなければならない」とうたい、さらに、新しい世界建設の原則を列記した。

①平和共存を国際関係の普遍的な規範としなければならない。
②人間の生命を最高の価値として認めなければならない。
③非暴力を人類共同体の活動の基礎にしなければならない。
④相互理解と信頼が恐怖と猜疑心《さいぎしん》に取って替わらなければならない。
⑤各国家に付与された政治的、経済的独立の権利は認知されねばならず、同時に尊重されねばならない。
⑥軍備に支出される資源は社会的、経済的発展の確保に振り向けられなければならない。
⑦個性の調和のとれた発展のための条件が確保されねばならない。
⑧人類の物的、知的ポテンシャル（潜在力）は地球的諸問題の解決に役立たなければならない。
⑨「恐怖の均衡」に代わって、包括的国際安全保障体制を実現しなければならない。
⑩宗教、人種に関係なく、軍縮と開発という共通の理念のもとに結束しなければならない ——の十項目である。いずれの項目も二十一世紀の今日の世界でも十分通用する諸原則であると言って差し支えない。

では、核兵器と暴力のない世界を作るために何をなすべきか。宣言は具体的な緊急措置として六項目、つまり①今世紀末までの核兵器の全面廃棄、②人類共通の財産である宇宙空間における全兵器の配備中止、③核兵器実験の全面禁止、④新たな大量殺戮兵器の開発と製造の禁止、⑤化学兵器の使用と貯蔵の禁止、⑥通常兵器と兵力水準の削減――に関する協定締結の必要性を訴えた。

「デリー宣言」は簡単にプロパガンダとして無視してはならないような内容を含んでいる。恐らく異を唱える者はいないであろう。しかし、冷戦時代の当時においては、米国をはじめ西側諸国はこれを真剣に取り上げる気配を見せなかった。ゴルバチョフに対する猜疑心《さいぎしん》がまだまだ強かったからだ。「暴力の世紀」が現出している今、こうした普遍的な諸原則がかつて打ち出された事実は記憶に止めておくべきであろう。

ゴルバチョフ政権発足から四年たった八九年の時点で、ケネディ政権の米国防長官だったロバート・マクナマラは著書『冷戦を超えて』（ロバート・S・マクナマラ、仙名紀訳、早川書房、'90・6刊）の中で次のようにゴルバチョフの諸提案に応じるよう呼びかけた。

「ゴルバチョフは核軍備競争を逆向きに動かし、欧州における通常兵器を削減しようという、極めて大胆なビジョンを打ち出している。このような英断を伴った諸提案とともに、ソ連は交渉のテーブルでも極めて柔軟な姿勢を示している。ソ連は、彼らには分の悪い削減案や、ＩＮＦ条約に伴う広範な現地査察案にも同意している。また弾道ミサイルの面でソ連が優位に立っているのではないかと懸念している米国の不安を見越しているかのように、戦略兵器の大規模な削減を盛り込んだSTART条約にも同意した。ゴルバチョフは通常兵器の面でも、三段階でかなりの削減を見込んだ案を提案したばかりでなく、八八年十二月七日には（国連で）、一方的な大幅削減案を発表した」（『冷戦を超えて』前出）

マクナマラは「ソ連当局が米国の提案をことごとく拒否していたのはそれほど昔のことではないが、その当時には、ゴルバチョフのような外交への取り組み方は想像もできなかった」と述べたうえで、今や、英国のサッチャー首相の言葉を借りれば、欧米としても、「取引のできる」ソ連の指導者がいるのだから、米国の専門家たちも、軍縮に応じるべきか、いかにして実現すべきかを真剣に討議できる状況になってきたのだと説いている。

モスクワで「核の脅威展」を開催

核軍縮との関連で言えば、ゴルバチョフ政権下で初めての池田第四次訪ソ（八七年五月）の際に、「核兵器——現代世界の脅威」展示会がモスクワの中心街クズネツキーモストにあるモスクワ市美術家同盟会館で開催された。

この「核の脅威」展は十四カ国十七都市目の開催で、国連軍縮局・広報局、ソ連平和擁護委員会および創価学会インタナショナル（SGI）の共催と、ソ連中等高等教育省、対外友好文化交流団体連合会（対文連）、婦人委員会、全ソ青年団体委員会（KMO）および広島、長崎両市の後援によって実現した。

1987年　第四次訪ソ

5月26日、ルイシコフ首相と会見。首相からは「ゴルバチョフ書記長からも、池田会長によろしく」との伝言が伝えられた

5月25日、「核兵器—現代世界の脅威」展の開会式。開会式のテープカットには、デミチェフ政治局員、テレシコワ対文連議長、ボロビック平和委員会議長、国連広報センター・ダビニッジ代表、 IPPMW（反核医師の会）・ラウン議長、本島長崎市長等、多数が出席した

“核の脅威展”で「日本は、原爆が投下された世界唯一の国である。ゆえに、その悲惨さ、残酷さを、今後も、全世界を駆けめぐり訴え続けていく」と挨拶する池田

同展示会では、広島、長崎の被爆の実態を示す物品、写真パネルが紹介されたほか、モスクワ、ニューヨークや東京が被爆した場合の被害想定図、米ソの軍縮交渉史、〝核の冬〟に包まれた地球の予想気象図、さらには軍事費の平和利用を訴えた資料など約百五十点が展示された。

池田は開会式で「日本は原爆を落とされた唯一の国である。それゆえに、その悲惨さ、残酷さを今後も全世界を駆け巡って、訴え続ける決意である。それが、日本人として、また平和主義者、仏法者としての使命であり、責任であり、義務であるとともに、偉大なる権利であることを確信する」と挨拶した。十三日間の会期中、見学に訪れた市民は約七万三千人に上ったといわれる。

八七年十二月、前述のように、核軍縮の歴史上、金字塔ともいえるＩＮＦ全廃条約が調印された。この直後、ソ連・ゴルバチョフ政権は、この条約の事後説明のため、日本へ特使を送った。アダミシン外務次官である。同特使は、日本政府への説明もさることながら、わざわざ池田を訪問し、条約内容についての説明を行っている。池田は聖教新聞社で同次官を歓待した。ゴルバチョフと池田の念願である核廃絶への一つの結実を通して、二人の意思が通じ合った瞬間でもあった。

なお、八八年五月にＩＮＦ全廃条約が発効したが、同条約に基づいてソ連・カザフスタン共和国で同年八月一日、中距離弾道ミサイルＳＳ12（ＯＴＬ22）四基が初めて爆破廃棄された。また、その後同ミサイルＳＳ20も解体された。核ミサイル廃棄現場には米国の査察団はじめ世界各国の反核・平和団体の代表が訪れ、歴史的な瞬間を見守った。

その廃棄されたＳＳ12の破片およびＳＳ20の本体の破片などが同年十月、池田に届けられた。同委員会書記オスコルスキーは「今年、歴史的な世界軍縮の第一歩が踏み出された。かねがね、世界平和に貢献され、平和行動をされている池田名誉会長に対し、敬意を表し、この検証物を贈ります」とのメッセージを送った。同様の破片はデクエヤル国連事務総長にも贈られたという。

2. 米ソ首脳会談

米ソ超大国の関係は、米ソ双方の努力というより、新思考外交を進めたゴルバチョフの格別の熱意と努力の結果、「イデオロギー闘争」から「実務交渉の新しい時代」に突入した。それは新デタント（緊張緩和）時代の到来とも言えた。

特筆すべきは、米ソ首脳が少なくとも年一回は顔を合わせるという慣例が定着したことである。これは国際全般のデタントを促進する原点になった。もちろん、日本を含めて西側には、ゴルバチョフとシェワルナゼのコンビが進めた新思考外交を理解できない（あるいは、理解しようとしない）反ソに凝り固まった保守派が少なくなかったが、何よりも現実が先行した。

ゴルバチョフ政権下での初の米ソ首脳会談は八五年十一月十九日ジュネーブで行われた。七九年夏のブレジネフ・カーター会談（ウィーン）以来六年半ぶりの米ソ首脳の出会いとなった。

このジュネーブ首脳会談は、七九年末のソ連によるアフガニスタン軍事侵攻で一気に高まった米ソ関係の緊張を緩和することに重点が置かれた。ゴルバチョフとレーガン二人だけの協議が、会談全体の半分の時間を超す五時間にも及び、核不戦や戦略核兵器五〇％削減の原則などを確認する共同声明が発表された。両国のその後の対話の枠組みが作られた点で有意義な出会いであった。

ゴルバチョフ・レーガン会見

シェワルナゼはジュネーブ会談前の空気を次のように書いた。

「ソ米関係の本質は、神経過敏、猜疑心《さいぎしん》、敵意、復讐心《ふくしゅうしん》に満ちていたのだ。それは競技場のすみずみにまで、絶えず際限ないプレッシャーをかける『ゲーム』として、戦術を練るよう心構えをさせた。競技場とは全世界を指し、そこは絶えずゲーム熱に浮かされ、闘争に（ときには開戦にさえ）つながりやすい場だった。ソ米両国にとって、異常な対決が常態と見なされていた」（『希望』前出）

こうした米ソ対決の中で、日本は米国と軍事同盟を結んでいたわけで、「ソ連脅威論」が増幅されたのも無理なかった。

シェワルナゼによると、（ジュネーブ会談が開かれるまでの）六年間は空白ではなく、対決や軍備競争、緊張増大に満ちていた。これが厳しい現実だった。外国からの脅威という妄想、相互破壊と破壊活動の危険性が政治、プロパガンダ、世論の中で意図的に誇張されてきた。「ソ連の脅威」が、米国と西側にことを起こすそれなりの口実を与えていたとシェワルナゼは主張する。

ここで、相手方のレーガンの印象を聞かなければならない。レーガン回想録『わがアメリカンドリーム』（ロナルド・レーガン、尾崎浩訳、読売新聞社、'93・9刊）から引用する。同書にはレーガンとゴルバチョフの往復書簡が何通もそのまま紹介されていて極めて興味深い。両国の交渉と関連ある部分は割愛《かつあい》し、レーガンのゴルバチョフ観を示すものを、レーガン在任中の米ソ首脳会談ごとに、拾い出してみたい。

まず、レーガンは八五年三月、党書記長チェルネンコの葬儀に出席した米副大統領ジョージ・ブッシュ（シニア）にゴルバチョフあての手紙を託し、その中で米国での首脳会談開催のためワシントンを訪れるよう招待した。ゴルバチョフは二週間後に返事を送った。レーガンは回想している。

「それによって彼は、以後、幾年も続き、何十通もの手紙のやり取りを含むことになるわれわれ二人の間の交信の、最初のラウンドを完成させたのだった。今、見直してみると、これら最初の手紙は、米ソ両国間の関係改善ばかりか、二人の人間の間の友情の基盤となるべきものに対する双方の慎重な第一歩をしるすもの…（中略）ゴルバチョフは、私が葬儀にジョージを派遣したことへの感謝を述べており、これまでのソ連指導者の例から私が慣れっこになっていたような敵意の表明は、あまり見られなかった。彼は首脳会談開催には同意するものの、別にワシントンでなくてもよかろうという口ぶりだった。全体として、彼の手紙は希望の持てるものであった」

八五年十一月早々、ジョージ・シュルツ（国務長官）はモスクワでゴルバチョフと初めての会談を四時間にわたって行った。そしてワシントンに戻って、ゴルバチョフについてレーガンに報告した。

シュルツは、間違いなく、ゴルバチョフが英明な人物で、自信を持ち、良いユーモアのセンスを備え、完全にソ連を掌握しているように思う、とレーガンに言った。ただ、彼によると、ゴルバチョフは反米的、反資本主義的プロパガンダを頭いっぱい詰め込まれている。例えば、ゴルバチョフは、アメリカに関するいろいろなでたらめな話に加え、アメリカ国民がソ連を嫌っているのは、アメリカ国防産業界がアメリカ経済を支配し、反ソ宣伝でアメリカ国民を煽り立てているためであって、それも軍拡競争を存続させるのが狙いだ、と信じているとシュルツは説明した。そこでレーガンは、「よろしい。ジュネーブで彼と二人で部屋にこもり、その間違った考えを正すことにしよう」と思ったという。

そして、歴史的な出会いがジュネーブで実現した。八五年十一月十九日の朝だった。レーガンは回想する。

「初めて握手を交わしたとき、私は――マーガレット・サッチャーやカナダのブライアン・マルルーニ首相が、きっとそう思うよ、と予言したように――ゴルバチョフには人好きのする何かがある、と認めざるを得なかった。彼の顔とスタイルには温かさがあり、私がこれまで会った多くのソ連高官に見た、憎しみに近い冷ややかさとは対照的だった」(前掲書)

これがレーガンのゴルバチョフに対する第一印象だった。この印象はその後もあまり変わらなかったことが、回想録の随所でうかがえる。

ゴルバチョフにとっても、レーガンとのジュネーブでの最初の出会いは印象的だった。九五年二月に来日したゴルバチョフは講演の中で、「当時、米ソ間の不信感は頂点に達していた。しかし、人間的には、最初に出会った瞬間から変化が起きた。初めて握手をし、目を見つめ合ったとき、とらえ難い何かが起きたようだった」と振り返った。

ジュネーブ会談の第一日目、会談を中座して二人だけ外を散歩した帰り道のことであった。道のりの半ばほど来た駐車場の真ん中で、レーガンはゴルバチョフを立ち止まらせ、もう一回、首脳会談を開くためワシントンを訪問するよう招待した。今が、招待のチャンスというひらめきがあったという。ゴルバチョフはこの招待を受け入れたばかりか、レーガンに対して第三回サミットのためモスクワに来るよう招待した。会場に戻って座ったとき、二人ともこのことを他の出席者には言わなかった。本会議が終わった後、レーガンが米側代表団にゴルバチョフとあと二回首脳会談を開くことで合意したと伝えたとき、団員らは腰を抜かさんばかりの驚きようだった。局外者には知らされていなかったのだが、この時点で、レーガンのモスクワ訪問の約束が取り交わされていたのだ。

そして、ジュネーブ会談の二日目。レーガンはゴルバチョフの印象を語る。

「ゴルバチョフは、賢明であると同時に人の話はちゃんと聞く。(中略) 彼は聞き上手であると同時に、雄弁な弁論家でもあり、見解の相違にもかかわらず、われわれの対話は決して敵意を含んだものにはならなかった。彼は彼の地盤を守り、私は私の地盤を守った。(中略) その夜は、われわれが晩餐会《ばんさんかい》を主催する番だった。そして私は、ソ連側がわれわれをもてなしてくれた前夜と同様にゴルバチョフが、つい数時間前までわれわれと厳しい意見の対立を見せていたにもかかわらず、社交的な環境の中では温かく、外向的な人物になれることを目にした。たぶん、彼の中には多少、ティップ・オニール（筆者注・議会民主党指導者で、レーガンは同回想録の中で「昔気質の老練な政治家だった。彼はその気になれば誠実で、友情厚い人物になれた」と評している人物）的な面があるのだと思う。彼は、自分自身や祖国ソ連についてさえジョークを飛ばし、私はますます彼が好きになった」（前掲書）

このくだりを読む限り、ゴルバチョフとレーガンはもともと「馬が合った」のではないかと思われる。

思想、信条は異なっていても、最初の出会いからレーガンがゴルバチョフに魅了されていたことは疑いない。レーガン回想録で面白いのは、レーガンがソ連との関係で妥協的になると、部下の超タカ派として知られたワインバーガー（元米国防長官）がしばしば大統領レーガンを牽制《けんせい》していたという事実だ。同じタカ派でもレーガンの方ははるかに柔軟な思考の持ち主だったようである。

ゴルバチョフの通訳をしたパラシチェンコによると、ゴルバチョフとレーガンは、最初は馬が合わなかったように見えたそうだ。ところが会談の合間に二人だけの差しの会談を重ねることによって、信頼関係が芽生え始めたという。そして晩餐会は双方の夫人を交えて和やかな雰囲気となった。麻薬問題が米国で問題になっているがソ連ではどうかとナンシー夫人が質問すると、麻薬問題はまだソ連では起きていないが、飲酒は大きな問題だとし、ソ連では反アルコール・キャンペーンが行われているものの、ソ連・米国間の平和のための乾杯のように適度の飲酒は結構なことだと誰かが言った。

すると、ゴルバチョフは笑って応じた。「そうです。乾杯なしでお酒を飲むのをアルコール中毒と言います」。会場に笑いが広がると、ゴルバチョフは乾杯しましょうと出席者に呼びかけた。当時、ソ連で展開されていた反アルコール・キャンペーンは後のちまで不評を買った。ゴルバチョフの評価を落とすことになった。しかし、このキャンペーンを主導したのは保守派のリガチョフだったといわれている。

ところで、今では、各国首脳間の対話はごく当たり前で、頻繁に行われている。最高首脳が直接会って意思の疎通を図ることは、信頼感の醸成に欠かせないからだ。

首脳会談を提唱し先鞭を

しかし、冷戦時代、東西の首脳間、とりわけ米ソ首脳の間では、そうはいかなかった。

そうした冷たい雰囲気の中で、ＳＧＩ会長池田は米ソ首脳会談開催の必要性についてかなり前から機会あるごとに、強く提唱していた。

ブレジネフ政権下の八一年五月の第三次訪ソの際、池田は会見したニコライ・チーホノフ首相（当時）に、「全人類の願望は戦争阻止である」として、米中日ソ首脳会談の開催を提唱し、「モスクワを離れてスイスなどよき土地を選んで徹底して話し合ってくれれば、万人が安心するだろう」とその実現を促した。その四年半後に図らずも、スイスのジュネーブで米ソ首脳が出会ったのであった。

また、アンドロポフ時代の八三年一月には、「平和と軍縮への新たな提言」の中で池田は、米ソ間の信頼感醸成のためには、「米ソ首脳会談の早期実現が焦眉《しょうび》の課題である」と主張し、第一に、会談では核兵器の現状凍結を最優先で合意すべきであるとし、核削減交渉に入るよう提案した。さらに池田は、米ソ首脳が「核戦争防止センター」の設置と「軍事費を凍結するための国際会議の開催」で合意するよう要望した。

そして、チェルネンコ政権下の八五年一月、池田は重ねて米ソ首脳会談の早期開催を強く訴えた。とりわけ、池田は「宇宙の軍事化」への危惧を表明し、「宇宙空間の非軍事化」への歩みを進めるためにも米ソ首脳会談の実現による両者の率直な対話が不可欠だと強調した。もちろん、当時はだれにも、二カ月後にチェルネンコが病死し、ゴルバチョフ政権が誕生することは予測されなかったが、日本の一民間人が米ソ首脳会談提唱の先鞭をつけた点は注目されていいだろう。

というわけで、池田の念願は、七九年六月以来の米ソ首脳会談実現という形で実を結んだのである。

舞台はレイキャビクへ

さて、ゴルバチョフは八六年一月半ば、前述の大胆な軍縮提案を込めた声明を発表し、二月二十五日―三月六日に開催された第二十七回党大会政治報告では、欧州ＩＮＦ撤廃で合意達成は可能であるとの期待を表明した。しかし、状況はゴルバチョフにとって厳しかった。

ジュネーブ合意は忘れ去られたかに見えた。レーガン政権は一連のゴルバチョフ軍縮提案を冷たくあしらい、チェルノブイリ原発事故での情報処理のまずさをとらえて、クレムリンは秘密主義で、狡猾で信用できないとの解釈に走った。レーガン自身、再び「ソ連・悪の帝国」論を振りかざした。

八六年はゴルバチョフにとって苦難の年になった。一月十五日の声明に対して懐疑論が国際世論の中では優勢で、多くのソ連研究者や時事解説者たちは声明を定期的アジ文書だと決めつけた。そして西側の論調をリードする米上層部はこの声明に露骨な不満さえ示した。米政府は声明を真剣に受け止めないばかりか、ソ連側の一歩前進は、モスクワの威信を増大し、米国路線批判の強化に寄与するのではないかと危惧した。米国指導部内の雰囲気を調査したソ連の秘密情報によると「ゴルバチョフ現象」を失速させる、という空気が強かった。

こうした雰囲気の中でレイキャビク（アイスランドの首都）首脳会談が実現した。八六年十月のゴルバチョフ・レーガン会談（第二回会談）である。ゴルバチョフ回想録によれば、レーガン書簡への返書の中で、袋小路に入っている戦略攻撃兵器（ＳＯＡ）ジュネーブ交渉を促進させるための米ソ首脳会談を提案、会談場所も指定したところ、レーガンが同意の返事を寄越したという。

紆余曲折はあったが、結論的に言えば、会談は、レーガンがＳＤＩに固執したため、デッドロックに乗り上げてしまった。気まずい雰囲気の中で両首脳は別れた。

しかし、四十分後のゴルバチョフの記者会見が、物別れ会談の運命を変えた。一時は「平和のために合意も妥協もせず、米国政権、世界に脅威をもたらすその姿勢を（記者会見で）暴き立ててやろう」と思ったが、ゴルバチョフは冷静さを取り戻した。「熱くなってはならぬ。よく考えてみることだ」と彼は自問自答した。

ゴルバチョフは記者会見で言った。「劇的な場面は多々あったが、レイキャビク――これは敗北ではなく、突破口である。われわれは初めて地平線の彼方を見たのだ」と。

同じころ米軍基地で記者会見したシュルツ（米国務長官）は、会談は失敗だったと語ったが、米国に戻って、ゴルバチョフが会談の挫折を勝利と評価し、「突破口」と表現したことを知ると、急きょ見解を改めた。そして今後の取り組みについて構想をねりはじめた。

「レイキャビクは失敗でなかった」と米ソ関係に気を使う発言をしたゴルバチョフ記者会見で両国が救われたといえよう。

レーガンは、会談の最後には、一時的にひどく立腹し、冷たくゴルバチョフと別れた。しかし、時間が経って冷静に振り返ると、必ずしも失敗ではなかったことに気づいたようである。

ＳＧＩ会長池田はこの米ソ首脳レイキャビク会談について、ソ連の政治週刊誌「新時代」

（'87・2・13付け第七号）寄稿の論文「民間外交の到来」の中で感想を記した。

「レイキャビクでの米ソ首脳会談の不調は残念なことであった。（中略）八五年十一月のジュネーブ首脳会談では、核戦争に勝利なしとの点で合意し、核戦争であれ、通常戦争であれ、米ソ間のいかなる戦争も戦ってはならず、軍事的優位を追及しないとの共同声明が出されていただけに、平和を目指しての一層の進展を期待する向きが多かった。それだけに不調に終わったことへの反動も懸念されたが、幸い、米ソ両国をはじめとして、一気に国際緊張激化の方向をたどらなかったことを喜びたい。とともに、私は、こうした人類史的課題に関しては、焦りは禁物だと思う。レイキャビク会談にしても、レーガン大統領が、今後十年間で戦略核ミサイルを全廃する構想を提示し、これに応じてゴルバチョフ書記長が、戦略爆撃機、巡航ミサイルを含めた『あらゆる核兵器の全廃案』を示して、合意寸前にまでいっている。結果的に合意こそならなかったが、その事実は重く、いたずらに悲観することは禁物である」

第四次訪ソ

なお、池田は八七年五月後半、第四次訪ソを実現した。ゴルバチョフ政権誕生後初めてのソ連訪問であった。この時、ゴルバチョフとは、あいにくルーマニア訪問中ということで会えなかったが、池田は当時のルイシコフ（首相）と会見し、核軍縮、日ソ関係、米ソ首脳会談の見通しやソウル・オリンピック（八八年夏）参加問題などについて意見を交換した。この訪ソの機会に「核の脅威」展示会がモスクワで開かれたことは前に触れた。

モスクワ大学トローピン副総長（当時）は次のように語る。

「八七年のソ連訪問は、創価学会とロシアとの今後の関係にとって特別な意味を持つものであった。その理由は、明白である。それは、ペレストロイカであり、国とソ連社会の解放であり、言葉を替えていうならば、ミハイル・ゴルバチョフであった。池田SGI会長とゴルバチョフとの個人的会見に関する問題であった。わが国と全世界に対し、新しい政治志向を打ち出したペレストロイカの主導者、ゴルバチョフと池田会長がじっくりと語り合うことは有意義なことであるとの認識で一致した。（中略）

結局、第四次訪ソ中には、池田・ゴルバチョフ会談は行われなかった。その理由は、池田氏の滞在日程とゴルバチョフのスケジュールが折り合わなかったためであった。池田会長がモスクワに到着したのが、八七年五月二十四日夕刻であり、翌日の五月二十五日、ゴルバチョフはルーマニア公式訪問へと旅立ち、そこからワルシャワ条約機構政治諮問委員会の会議に出席するため、直接ベルリンへ向かった。『上層部』からは、池田会長はパリからの帰路、再度、モスクワに立ち寄ることはできないのか、との打診があって、池田会長側に伝えたが、日程的に不可能とのことであった」（『出逢いの二十年』前出）

一方、八七年末にゴルバチョフはレーガンの招きにより、初めて米国を訪問した。十二月八日ワシントンで第三回の米ソ首脳会談を行い、ついにＩＮＦ全廃条約の調印にこぎつけたのであった。レーガンは振り返る。

「八七年のカレンダーのページが一枚ずつめくられていくように、歴史のページもめくられていた。われわれは、ますます多く、ゴルバチョフがソ連に大がかりな経済的、政治的改革をもたらす面では真剣だという兆候を目にするようになった。ソ連では最初の自由な選挙が行われることになったし、事業家がソ連で新しい企業を設立することも公式に奨励されるようになった。そして、ロシア革命七十周年記念日（筆者注・八七年十一月七日）に、ゴルバチョフはスターリンに対する痛烈な批判演説を行い、ソ連の過去とその誤りを検証する新たな自由への道を開いた」（『わがアメリカンドリーム（レーガン回想録）』前出）

レーガンとゴルバチョフは議論することを楽しんでいたようだった。その後、二人はＩＮＦ条約に調印した。ＩＮＦ条約は核兵器の一クラス全体の廃棄を定めたばかりでなく、その順守を確かなものにするための牙《きば》も含んでいる、とレーガンは言った。

レーガンいわく「われわれはロシアの古い格言の知恵に耳を傾けました。〝信頼せよ。しかし検証せよ〟（筆者注・ロシア語で「ダベリャイ・ノ・プラベリャイ」）というのがそれです」。ゴルバチョフらソ連側出席者の失笑を誘った。ゴルバチョフは言い返した。「あなたは会うたびにそれを繰り返していますね」。すると、レーガンは「この格言が好きなもんですから」と答えたという。

ワシントン首脳会談終了後、レーガンは日記に書いた。「彼らは帰国した。それにしても今回は、われわれがこれまでソ連との間で開いた中で最良の首脳会談だったと言ってよかろう」

一方、この初の訪米についてゴルバチョフは面白いエピソードを明らかにしている。最終日、ブッシュ副大統領をソ連大使館に招いて朝食をとった後空港に向かうのだが、そのリムジンの中で「相互理解と信頼の基礎」を築く親密な会話を交わしたのだという。それがゴルバチョフとブッシュのマルタでの「冷戦終結宣言」にまで導いたのであった。二人だけが胸にしまっていたこの貴重な「車中会話」を、しばしば引用し合ったとゴルバチョフは記録している。

首脳の車に同乗したため唯一の証人となった通訳のパラシチェンコは回想している。

「両者は温かい雰囲気で率直に語り合った。ブッシュはサミットの結果と米ソ関係の見通しにはしゃいでいた。彼はゴルバチョフに大統領選挙に出馬して、簡単ではないが勝利するつもりだと語り、ソ連との協調関係に必ず力を入れると約束した。(中略)私は、重要な関係が始まりつつあると感じた。機内でゴルバチョフは『パーベル、君が車の中で書き留められなかったブッシュとの会話を記録しようとしていることを知っているよ。あれは、ありきたりの会話ではなかった』私に言った。ゴルバチョフはこの会話をたびたび思い起こし、ブッシュもよく覚えていた」(『ソ連邦の崩壊』前出)

パラシチェンコが回想録にも書いていない「車中会話」の興味ある内容について筆者は本人から直接聞いた。本章3．の結びをご覧いただきたい。

レーガンのモスクワ訪問

そして、翌八八年五月二十九日、今度はレーガンが初めてソ連の土を踏んだ。これは驚くべきことであった。あの「ソ連悪の帝国」論をぶっていた反ソ反共の兵《つわもの》がなんと、その「敵地」モスクワに乗り込んだのである。ゴルバチョフ政権誕生の三年前、レーガン訪ソを想像した者はいただろうか。

米大統領の公式訪ソは、七四年十一月ウラジオストクでのゴルバチョフ・フォード（ジェラード）会談以来十四年ぶりだった。

「私は記憶の中であの当時に戻り、そのときのメモをめくりながら、今でも思うのは、あのモスクワ首脳会談の最初の話し合いの意義を決定したものは、その内容もさることながら、会談の雰囲気、好意に溢れた信頼の性格を会談に与えようと双方が明確に示した願望であったということである。（中略）平和共存をわれわれは国際関係の普遍的原則にしたことの確認をレーガン大統領に伝えた」とゴルバチョフは書いている。

第三日目午前の会談後クレムリン構内を首脳二人は散歩したが、観光名所の一つで有名なツァーリ・プーシカ（大砲の王様）のところで、取り囲んだ群衆の中からレーガンに質問が飛んだ。「大統領、あなたは今でもソ連を悪の帝国と考えていますか」。レーガンは答えた。「ノー」。並んで立っていたゴルバチョフは「これは考慮に入れておこう。古代のギリシャ人が言ったが、『万物は流転し、万物は変化する』ものだ」と心の中で思ったという。次の日に訪問総括の記者会見でこのエピソードが披瀝され、記者団からなぜ自説を変えたのかしつこく聞かれたレーガンは答えた。「かなりの程度それ（自説を変えたこと）は指導者としてのゴルバチョフ氏のお陰です。そして私は、ここ（ソ連）ではペレストロイカ実現の努力の過程で変化が生じているように思います。そして、私がそれについて読んでいるところから判断すると、多くの点で賛成できると思います」

ゴルバチョフはレーガンのこの告白を彼のモスクワ訪問の主要な成果の一つと見た。既にレイキャビクでレーガンが、変わりつつあるソ連とは『一緒に仕事ができる』とそっとささやいた直感が間違っていなかったことを、そして核戦争からの救出には希望が持てることをゴルバチョフは確信したのである。レーガンへの信頼感はゴルバチョフの心の中でますます強まったようだ。レーガンは回想録で「私が初めて普通のソ連市民に会い、握手できたこともあって、これは恐らく最も記念すべき会談となった」と書き、さらに続ける。

「今振り返ってみて、ゴルバチョフと私の間には、友情に近いものを生み出すような、何か不思議な力が働いていていたように思う。彼はタフで、したたかな交渉相手だった。祖国を愛する愛国者だった。われわれはイデオロギー的構成図《スペクトル》の反対側から話し合う形となり、実際にそうした。しかし、われわれの間には憎悪や敵意なしに、人間対人間の基盤に立って会話を続けさせるような力が働いていた。たとえ私が確固たる資本主義者であり、ゴルバチョフが忠実な共産主義者だったにせよ、私は彼が好きだった。ただ彼は、それまでクレムリンの位階の頂点に昇りつめた共産主義者たちとは違っていた。彼以前のどの指導者も、単一世界共産主義国家というマルクス主義の公約を追求すると公言していた。これに対し彼は、ソ連的拡張主義を推進しなかった最初の人物だったし、核兵器廃棄に同意し、自由市場を提唱し、公開選挙と表現の自由を支持した最初の人物だった」(傍線は筆者、『レーガン回想録』前出)

ゴルバチョフとレーガンの四回目の出会いとなったモスクワ会談ではＩＮＦ全廃条約の批准書が交換されて、同条約は発効した。

なお、二カ月前の三月十五日には、東欧各国が各自の独自の社会主義の道を尊重する「新ベオグラード宣言」がソ連とユーゴスラビアの党の共同宣言として発表された。五月半ばにはソ連軍のアフガニスタンからの撤退が開始された。その直後の米ソ・モスクワ首脳会談だった。レーガン独特の「悪の帝国」論は影を潜めていた。この訪問を決断した時点で、レーガンは、ソ連は敵ではなく、パートナーであることを最終的に確認した。

同じ八八年の十二月七日、ゴルバチョフはソ連代表団を率いて国連総会に出席した。その国連演説で、ゴルバチョフは二年以内にソ連軍通常兵力五十万人の一方的削減を発表した。また、東独、チェコスロバキア、ハンガリーからの駐留ソ連軍六個師団の撤退も言明し、アフガニスタンからのソ連軍撤退を表明。ニューヨークでは米ソ首脳会談(第五回)が行われ、両者は米ソ対話の発展的継続を確認した。なお、国連演説については新思考外交の項目で触れた。

ゴルバチョフはニューヨークでレーガンと再会した。この再会の後レーガンは日記に書いた。
「会談は素晴らしい成功を収めた。これまでのどの会談のときよりも好ましい態度が見られた。ゴルバチョフはわれわれを、より良い世界を作るためのパートナーと見ているような口ぶりだった」

米ソ首脳は八九年の年頭新年メッセージを交換した。両首脳による新年メッセージの交換は八六年から慣例となっていた。

国益から人類益への発想の転換を

池田は同年一月十一日、ソ連の国営タス通信とのインタビューで米ソ首脳のメッセージ交換を次のようにコメントした。

「私が、ゴルバチョフ書記長の姿勢で最も感銘を受け、敬意を表したいのは、固定観念を大胆に打破していく勇気である。東洋には『山中の賊《ぞく》を破るは易く、心中の賊を破るは難し』との警句があるが、実はこの固定観念という『心中の賊』を打破することほど勇気を要するものはない。立場や責任が重くなればなるほど、そうであろう。それだけに、ゴルバチョフ書記長の勇気ある諸提案は、人類史的意義をもつと思う。（中略）本年の年頭、米ソ首脳が交換したメッセージの中でゴルバチョフ書記長は『本質的に、私たちは一つの家族だ。全人類のために力を合わせ、真に平和の時代をつくり上げるために、われわれが十分な理性と善意を持っていると私は確信する』

と強調している。この論調はわれわれがかねてより掲げてきた〝地球民族主義〟の理念と共鳴し合っている。こうしたグローバリズムほど、現在、人類にとって喫緊《きっきん》の課題はないのである」

「こうした〝対話の時代〟をさらに確固たるものにするため、私は新しい世界秩序のシステムを中心に国連を置くべきだと考えている。『暴力』や『武力』ではなく、『言論』と『説得』にこそ、国連の真面目があるからだ。昨年（八八年）十二月、ゴルバチョフ書記長は国連総会演説で『今や、国連を抜きに国際政治を考えることはできない、最近の平和維持活動は、われわれの課題を処理する能力が国連にあることを示した。国連は二国間、地域的、包括的な努力をまとめることのできる唯一の機構である』と述べ、国連の役割を高く評価した。これはかねてから世界平和の維持に果たす国連の使命の重要性を強調し、その強化を訴えてきた者として、大変心強い発言であった」

「もはや主権国家の狭い枠組みにとらわれている限り、人類の未来を考えることはできない。まさに現代は、ドラスティックな発想の転換に迫られている。核兵器の登場により、国家主権の発動がそのまま人類の絶滅につながりかねない状況下にあって、人類は否応なく国家の枠を超え『国益』から『人類益』へ、『国家主権』から『人類主権』へと発想の転換を要請されているのである」

極めて残念なことに、二十一世紀の昨今の国際情勢、とりわけ、9・11事件（二〇〇一年九月米国で起きた同時多発テロ事件）以後、唯一の超大国の「帝国主義的」指導者ブッシュ（ジュニア）の際立った「暴力と武力の政策」は、ますます時代の進歩に逆らい、国連中心主義、人類益、人類主権を唱えてきた池田の願望を著しく打ち砕きつつあるかに見える。

マルタ会談――冷戦の終結へ

ゴルバチョフとブッシュ（シニア）の両首脳は八九年十二月二日にマルタで第六回会談を、次いで、九〇年五月三十日ワシントンで第七回会談を行った。

折からの嵐で海が荒れたなか、お互いの軍艦内で行われたマルタ会談は、「船酔い会談」とも揶揄《やゆ》されたが、冷戦終結宣言をしたことで、歴史的な会談として歴史に刻み込まれた。ゴルバチョフ回想録でゴルバチョフは会談のやり取りを詳しく述べているものの、冷戦終結の意義などゴルバチョフのコメントが見当たらない。回想録では触れていないが、ゴルバチョフはブッシュとの「マクシム・ゴーリキー」号の船上での、両首脳初の共同記者会見で「冷戦は終わったのか」と聞かれて、次のように答えた。

「熱い戦いは決して起こらないだろうと私は米国大統領に確約した。わが国の対米関係は、これからはより大きく強力な可能性が生まれるような付き合いをしていく、ということだ。ブッシュ大統領とは、そういう考えで話し合い、米ソ両国は冷戦の時代から新しい時代に入ったことを確認した。軍拡、相互不信感は既に過去のものになった。こうした認識を出発点にして今後、話し合いを進める」

ブッシュも米ソ関係の歩みに対する感想を聞かれて、「米ソ関係は大きく変わった。米国はゴルバチョフ議長（当時）の改革の努力を支援する方向に転換した。ソ連、欧州での平和的な変化を私は評価する」と語った。

会談についてNATO同盟国に説明するためにブリュッセルに着いたブッシュは「海はわれわれの時代のように荒れていた」とだじゃれを飛ばした。一方、ソ連外務省のスポークスマンだった前出ゲラシーモフは会談の意義を一言で表現した。「われわれは冷戦を地中海の底に埋葬した」

ゴルバチョフはマルタ会談を振り返り、次のように回想した。そこには、そこはかとない満足感がうかがえる。

「マルタ会談後、私には、われわれはついに『ルビコン川』（筆者注・イタリア中部のアドリア海に注ぐ川で、古代ローマの武将カエサルが元老院令を無視して渡った）を渡ったという確信が現れた。西側との関係の政治的バロメーター（晴雨計）の針が、この数年間で初めて振動をやめ、『晴れ』の表示で停止した。われわれは悪循環を断ち切ることに成功し、長い『凍結』が、稀《まれ》に起こる『雪解け』に変わったことを、私は信じた。われわれ自身も、すぐに起こったことの意味がすっかり分かったわけではない。ともあれ、国際関係の戦後の歴史に質的に新しい段階が始まりかけているのだ。マルタ会談とともに冷戦は終わった。もっともその重い後遺症は残ってはいるが。われわれは切断された欧州に生きる人びとの期待を裏切らなかった」（『ゴルバチョフ回想録・下』前出）

ちなみに、シェワルナゼによれば、ゴルバチョフと彼は、マルタ会談の後、ソ連の知識人から「マルタの騎士」と呼ばれるようになったという。マルタの騎士とは中世キリスト教会の三大宗教騎士団の一つで、十一世紀以降ロードス島を中心に地中海で活躍していたが、十六世紀マルタ島を本拠地にして活躍、独立の騎士団国家を維持していた。シェワルナゼ自身は米ソ首脳マルタ会談を評価してくれての命名だと受け取ったという。

第七回米ソ首脳会談（ワシントン）で、両首脳は第一次戦略兵器削減条約（ＳＴＡＲＴⅠ）で基本合意し、ＳＴＡＲＴⅡの開始で合意したほか、米ソ通商協定などに調印した。米ソ関係の「相互理解からパートナーシップ」への道を確認した旅であった。「われわれは巨大な『冷戦の火薬庫』の解体を加速することに成功した」――これが最大のポイントだったとゴルバチョフは振り返る。

帰途、ゴルバチョフ夫妻はサンフランシスコでレーガン夫妻と旧交を温めた。

ゴルバチョフが同地で韓国の盧泰愚大統領と会談したが、ソ連と韓国首脳の出会いはこれが初めてであった。

ワシントン会談後、ブッシュは国内遊説先ウィスコンシン州ミルウォーキー（六月七日）で次のように語った。「首脳会談ではさまざまな合意や協定が結ばれたが、恐らく最も重要な成果は、ドイツ統一やバルト三国情勢などについて忌憚《きたん》のない意見交換を行ったことだ。これらは一回の首脳会談で解決するような問題ではないが、ゴルバチョフ大統領が率直な態度で話し合いに応じてくれた点に感謝している。キャンプデービッドでも打ち解けた話し合いをもったが、彼は本当に非凡な人物だとその間ずっと考え続けていた」

九〇年九月九日に今度はヘルシンキでゴルバチョフとブッシュは会談し、湾岸危機問題を協議した。次いで、米ソ首脳会談が行われたのは九一年夏、保守派クーデター未遂事件の直前だった。七月三十日モスクワを訪れたブッシュとの間でゴルバチョフはSTART条約に調印した。ゴルバチョフはノボ・オガリョボの別荘にブッシュを招待し、親しく意見を交換し、友情を確かめ合った。ゴルバチョフが米大統領と会談したのはこれが最後だった。

ブッシュはモスクワの後、ウクライナの首都キエフを訪れたが、ウクライナ議会での演説で、思慮のない民族主義に警告を発し、中央政権との緊密な関係強化を訴えて、ゴルバチョフと連邦への支持を明確にしたことを付言しておきたい。ブッシュの姿勢は、ウクライナ独立を待望する在米ウクライナ人の間に反ブッシュ感情を引き起こしたという。

本項の最後にぜひ付け加えたいのは、九一年四月訪ソしたリチャード・ニクソン（元米大統領）とゴルバチョフとの会談である。ニクソンは七四年八月ウォーターゲート事件の責任を取って辞任したが、八〇年代に上級政治解説者・非常勤大統領顧問として政界にカムバックしていた。ゴルバチョフは米国の賓客のために九十分も時間を割いた。冒頭、帰国してブッシュ大統領と議会有力者に、ゴルバチョフとの会見内容を報告しなければならないとニクソンは言った。ゴルバチョフはペレストロイカについて熱心にニクソンに説明し、次第に自分が困難な立場に置かれつつあった状況に理解を求めた。ニクソンは「あなたは強硬派と一緒ではないですか。今は変革の小休止に過ぎず、改革の後退はあり得ないとお考えですか」と問うと、ゴルバチョフはうなずいて「わが国の問題すべてに対する答えは、改革の継続と民主的変革の前進です」と述べた。

ゴルバチョフはまた、米ソ関係の改善政策は広範な支持を得ていると強調、ブッシュ大統領との良好な協力関係を維持していく決意を述べた。ニクソンはへつらうような態度で言った。

「大統領閣下。ノーベル賞を受けられたあなたは、この賞にふさわしい。あなたは平和的性格の革命を指導しておられます。政治的圧力のもとで改革が後退するとすれば悲劇でしょう。あなたとお話しして、再確認しました。ゴルバチョフ大統領は引き続き改革に取り組み、自らが始めた民主化プロセスの流れに沿って運動を再開する計画をもっておられると確信しました」

帰国したニクソンはゴルバチョフの誠意に対して全く歪曲した記事で返礼した。彼の記事には、共産党の指導者ゴルバチョフは改革をもてあそんできたが、現在は全速力で後退しつつある。またゴルバチョフは自由市場、真の民主主義、各共和国の自決に反対していると書かれていた。これはニクソンの異常な人間性を示していた。ニクソンは三年後の九四年四月、脳卒中で八十一年の生涯を閉じた。

3. ゴルバチョフ・池田会談

ゴルバチョフ政権誕生五年後の一九九〇年という年は、ソ連を構成するバルト三国の一つリトアニアへのゴルバチョフ訪問（連邦離脱や独立の見直しの説得のため）で幕を開け、二月には共産党一党独裁の放棄決定と大統領制の導入（二月七日の党中央委総会）、続いて三月半ばの人民代議員大会でのゴルバチョフ大統領選出などソ連の内政は慌《あわ》ただしかった。

日ソ関係を振り返ると、一月十五日に安倍晋太郎率いる自民党代表団が訪ソし、ゴルバチョフと会談した。現自民党幹事長安倍晋三の実父である晋太郎について、パノフ（前駐日大使）は「日ソ関係の雰囲気の改善に力を注いだその勇気は大きな尊敬に値する。彼の活動は（九一年春の）東京での日ソ首脳会談を可能にするのに多大の貢献をした」と語った。

安倍はこの訪ソで、経済、科学技術、人的交流、専門家の養成、展示会の開催、人道的関係といった分野での日ソ関係の深化を目指す八項目提案の検討を提案した。日ソ関係の「拡大均衡」を目指したこの「安倍プログラム」をゴルバチョフは高く評価し、「その実現によって、隣接する両国が関係の発展において時代の要請から立ち遅れているという不正常な常態を解消できるのではないか」との期待を表明した。

安倍は、一月の訪ソの前後に二回、池田を訪ねている。安倍と池田は、ともに三十代だった一九五八年以来、親交があったという。

池田は随筆集『人生は素晴らしい』(前出)の中で、以下のように書いている。「安倍氏が私を訪ねてくださったのは、九〇年の一月九日、氏の訪ソの数日前であった。渋谷の国際友好会館に、お迎えした。(中略)氏は、『ゴルバチョフ時代こそ、日ソ平和条約のチャンスだ』と直感しておられた。『命にかえてでも、やりとげたい』『ゴルバチョフという人物に賭けてみようと思うのです』と。私も、その十五年以上前から、何度もソ連を訪問していた。(中略)何としても、この巨大な国と友好を広げるべきだ、そうでなければ、日ソはじめ世界の民衆が、いつまでも不安の中に暮らさなければならない——私は、強く強く友好を念じていた。(中略)氏は、訪ソ(一月十三~十七日)が無事に終わると、一月二十日、ご丁寧にも、再度、私のもとに、あいさつにきてくださった」

前年には宇野宗佑(外相)の訪ソ(四月)、アレクサンドル・ヤコブレフらソ連最高会議代表団の訪日(十一月)などがあったが、領土問題が日ソ会談の前面に立ち塞《ふさ》がり、ゴルバチョフ訪日への見通しが立たなかった。ソ連側は「安倍プログラム」を突破口として、日ソ関係の本格的な改善に取り組む構えを見せた。後述するように、七月、ゴルバチョフ・池田の初会談の席上、ゴルバチョフの口から初めて「できれば、来年春、桜の咲くころに日本を訪問したい」との明言を受け、九月のシェワルナゼ訪日で、ゴルバチョフの九一年訪日が決まった。

率直で誠実な第一回会談

池田は九〇年七月二十五日から三十日にかけて第五次訪ソ代表団を率いてモスクワを訪れた。このソ連訪問はゴルバチョフとの初の会談という意味で画期的なものであった。その後の両者の友情につながる会談は訪ソ三日目に実現した。

池田は開口一番、「今日は大統領と〝ケンカ〟をしに来ました。〝火花を散らしながら〟何でも率直に語り合いましょう。人類のため、日ソのために」、これにゴルバチョフは「私も率直な対話が好きです」と応じて、百年の知己のような瞬《また》く間に打ち解けた雰囲気が醸《かも》し出されたという。

さらに、池田が、「きょうは、大統領のメッセージを待っている世界中の人々のために、また後世のために、私が〝生徒〟になっていろいろお聞かせ願いたい」と述べると、ゴルバチョフは「〝生徒〟なんて、とんでもありません。池田会長は現代における偉人です。ヒューマニズムの価値観と理想を高く掲げて、人類に貢献しておられる。(中略) 会長の理念は、私にとって大変に親密なものです。会長の哲学的側面に深い関心を寄せています。ペレストロイカの『新思考』も、池田会長の哲学の樹《き》の一つの枝のようなものです」と答えたと「聖教新聞」九〇年七月二十八日付け一面で伝えている。予定の時間が来たので腰を上げようとする池田を押し止どめ、結局、会談は一時間十分にも及んだと同席者は回想している。

ゴルバチョフは池田との初めての会談について『ゴルバチョフ回想録・下』の中で次のように

1990年　第五次訪ソ

7月27日、クレムリン最高会議幹部会会館で、ゴルバチョフ大統領との会見に臨む池田。ゴルバチョフの左側から、ヤゴジン国家教育委員会議長、モスクワ大学ログノフ総長、チェルニャエフ補佐官、ブルテンツ党国際部第一副部長、右側には、通訳、アイトマートフ（作家、大統領会議メンバー）、ドナエフ・ノーボスチ通信論説員が同席した（初会談）

7月25日、モスクワのシェレメチェボ空港・国賓ホールに到着した池田夫妻を出迎えるヤゴジン国家教育委員会議長、モスクワ大学ログノフ総長等

書いている。

「私は日本の社会活動家、文化人とも接触したが、これにも少なからず重要な意味があった。九〇年夏に会った池田大作氏との会見を私は覚えている。池田は、優れた思想家、人道主義者であり、長年にわたり、宗教・啓蒙組織『創価学会』を率いている。『創価学会』は傘下の文化的、教育的施設や大学を通じ、人びとの精神的蘇生、道徳的自己確立という問題に貢献するよう努力している」

「当然だが、話の中で日ソ関係がテーマになった。私は自分の立場を改めて述べた。つまり、両国関係の空気をもっと急速に、もっと断固とした調子で改善し、できるだけおおぜいの両国民が活発な接触を行うようになれば、すべての問題はこれほど苦労せずに解決できるだろうと発言した。池田は私の見解に対して理解を示した。しかし、私が述べたような方向への『前進』にはソ連社会の変化がより大きなカギであると彼は強調した」

ゴルバチョフ・池田会談では「ペレストロイカの現状と意義、青年への期待や平和、人生論などについて幅広く意見が交換された。池田はゴルバチョフとの対談『二十世紀の精神の教訓・上』で、当時を振り返って、次のように語った。

「九〇年七月、クレムリンでの初めての出会い――あのとき、私が深く感動したことの一つは、あなたの周囲に、それまでのクレムリンのイメージとは全く異なる、何とも言えない、新しい若々しい時代の雰囲気が漂っていたことです。それは、まぎれもなく〝友情〟や〝青春〟という言葉が、濃密に帯びている『精神の若さ』のシンボルのように、私には感じられました。アイトマートフ氏（キルギス人作家、大統領会議員）、ヤゴジン氏（化学者、国家教育委員会・議長）、ログノフ氏（モスクワ大学総長）――。あなたと、そこにいた皆様のやりとりには、よい意味での〝知的サロン〟といった雰囲気がみなぎっており、私は実にさわやかな印象を受けました。ソ連の長い冬の時代を生き抜き、春の訪れを期している〝同志〟ならではの、心の共鳴音が、私の胸にも響いてくる思いがしました」

会談に同席したチェルニャーエフ補佐官

ゴルバチョフの国際問題担当補佐官だったチェルニャーエフは拙訳『ゴルバチョフと運命をともにした二〇〇〇日』の中で、この会談についてかなり詳しく書いている。

「（日ソ）両国の関係進展に影響を与えた二つのエピソードについて、語らないわけにはいかない。この二つのエピソードは、性格は違うが、ゴルバチョフが日ソ問題解決に一歩『近づいた』ことを知らしめるものであった」

「一つは九〇年の、池田大作氏との会談である。池田氏は、日本国外でも有名な人物だ。長年、宗教団体『創価学会インタナショナル（ＳＧＩ）』を主導している。ＳＧＩは、全世界に文化、教育、大学網を持っており、さまざまな国のさまざまな多数の人びとの精神再生と精神的自己確立の仕事に、巨大なエネルギーを投入している」

「池田氏は、ゴルバチョフのなかに、善と精神性をもつ世界政治の『新たな始まり』を見て取り、以前から彼と知り合いたいと願っていた。会談は、クレムリンの、ゴルバチョフの執務室の隣にある応接間のひとつで行われた」

「冒頭の歓迎式典自体が、いつもとは違って温かく、どことなく陽気であった。二人の会談者は『うちとけて』、率直に話し始め、そこには実現を要する実務的な目的は何もないように思われた。ゴルバチョフは、何事も隠さず、詳しく、現在の国内状況について、きわめて錯綜《さくそう》していると語り、さらには、そもそもペレストロイカに着手したころからの自らの行動の動機について、自分の明白な意図と『胸に秘めた』意図について語り、失敗と誤算を、いくつかの場合に期待どおりにはいかなかったことを、まるで『悔やんでいる』かのような口ぶりであった」

「こうした誠実さを受けて、池田氏も腹蔵ない意見を述べた。ときとしてきわめて興奮した口調で、しかし、『世界のゴルバチョフ現象』の本質を深く見抜きながら、人類発展においてすでに顕著で有益な変化をもたらしているゴルバチョフの活動と『新思考』の意義について語った。同氏は『新思考』の精神的潜在力を高く評価し、そのなかにこそ、ゴルバチョフが世界政治に長い影響を与える主たる力と源泉がある、と見ていた」

「二人はもちろん、両国民のあいだの関係の展望についても語り合った。ゴルバチョフは、両国民の関係の雰囲気を、より早く、より集中的に改善し、出来るだけ多くの人びとが活気のある直接的な交流を図れるように、しつこく残っている否定的なステレオタイプを『ふきとり』、両国の間に存在している諸問題に対するそれぞれの社会の心理を変える必要がある、という自分の『哲学』を徹底的に論証した。池田氏は、ゴルバチョフの論拠に理解を示したが、当然ながら、『前進』は多分にソ連社会の変化にかかっている点を強調した」

「ゴルバチョフにとって池田氏との出会いは、対日関係の政治的側面の本質を洞察するのにきわめて大切な『日本人気質』をユニークで傑出したこの体現者の一人に教えられる一つの機会であった。二人は友人として別れた」

「その後、ゴルバチョフは九一年四月の日本公式訪問のおり、池田氏と再会したのをはじめ、九二年に国際社会経済政治研究基金、いわゆるゴルバチョフ財団の総裁として日本を訪問したときに、東京で三たび池田氏と会った。それからも、書簡や、祝辞や、モスクワ訪問中の池田氏の『使者』を通じたりして定期的にコンタクトを取るようになっている」

示唆に富む内容の対談

このゴルバチョフ・池田初会談について筆者は拙著『新版・人間ゴルバチョフ』(時事通信社'91・3刊)でも触れているので、その部分を紹介しよう。

「この二人の対談には極めて示唆に富む内容が含まれている。ゴルバチョフは『ソ連は今、大きな変革の季節を迎えている。ペレストロイカは、最初は理論的、政治的なレベルだけだったが、今や実生活にまで浸透している』と述べた。『上からの革命』は今や下に波及しているとの認識である」

「そしてさらに、次のように力説した。『ペレストロイカの第一は自由を与えたことだ。しかし、その自由をどう使うかはこれからの課題だ。例えば、長い間、牢の中、井戸の中にいた人間が、突然外に出たら、太陽に目がくらんでしまう。それと同じようにせっかく自由を、現在を見つめ、考えることにではなく、過去を振り返ることにのみ使う。世界の秩序を考えるよりも、国内にばかり目が行ってしまう。経済のうえでも自由をどう使っていいか分からない。(中略)最高会議は今や、(皆が言いたいことを言い合う)〝劇場〟と化す始末だ。どんなテレビドラマよりも人気がある』」

「『私たちの構想に基づいて、ペレストロイカは決定的な段階に至っている。ソ連のみならず世界史的な変革のときだ。私の本格的な仕事は、すべてこれからである』──このように、ゴルバチョフ大統領はさらにペレストロイカを推進していく不退転《ふたいてん》の決意を披瀝《ひれき》したのであった」

「(知識人との連帯との関連で)ゴルバチョフ大統領は池田名誉会長に次のように知識人の役割を強調した。『これから申し上げることは最も大切なことであるが、私が今日までに成し得たことは、私の周囲に有能な知識人がいたからこそである。その人びとの一部はここにも同席している。これらの人びとの同盟、団結によって、これまでの成果が上がったのである。いわば〝政治〟と〝文化〟の同盟だ』ゴルバチョフ大統領はこう言った後、傍らの作家のアイトマートフやログノフ、ドナエフ・ノーボスチ通信政治評論員らを見やり、彼らにそれとなく同意を求めたという」

最高会議が〝劇場〟と化したことについては若干の説明を要するようだ。これもゴルバチョフ以前にはなかった、ペレストロイカによる新しい政治文化の一つであろう。

八九年三月の選挙によって選ばれた代議員で構成されたソ連人民代議員大会が、同年五月二十五日招集された。互選によって新しい常設機関最高会議も創設された。その討議の模様はテレビで生中継されたが、仕事も手につかないほどの面白さ、スリリングに満ちていた。代議員たちは国民を代弁して、遠慮なく意見を戦わせたのである。

このテレビ中継が国民の政治意識を飛躍的に高めたのは疑いない。国民の多くがテレビにくぎづけにされたので生産が落ちた。一説によると、生産が二〇%も低下したという。当局はついに、経済活動の能率に重大な影響が及んでいるとして、生中継を取りやめにした。その代わり、夕方に四十五分の録画ダイジェスト版が放映されるようになった。

ところで、予定時間をはるかにオーバーした池田のゴルバチョフとの初会談の大きな収穫の一つは、訪日の時期を大統領の口から引き出すことができたことであった。

第一回会談の大きな反響

七月二十八日朝刊を見ると、各紙一面トップないしは準トップで、「ソ連大統領、来春訪日を明言――柔軟な対応用意」(朝日)、「ゴ大統領、来春訪日を明言」――『大幅に歩み寄る』」(読売)、「来春の訪日を再確認――対日問題、譲歩も示唆」(毎日)、「ソ連大統領、来春訪日の意向表明

――関係改善へ歩み寄り」（日経）、「『来春訪日』を明言――ゴ大統領、滞在は三～四日間」（産経）、「ソ連大統領、来春訪日を明言――『大幅に歩み寄る』」（東京）といった見出しで大きく報じた。テレビでもトップで大きく報じられた。

これら新聞の解説でも言及されているが、池田が北方領土問題に意図的に触れなかった点がゴルバチョフの訪日発言を引き出した。読売新聞は「池田氏はゴルバチョフ大統領との会談で、直接領土問題に言及することはせず、大統領の訪日への期待を示す形で、その見解をただす戦術を取った。大統領の『歩み寄り』発言は、こうした池田氏のソフトな対応に誘発されたような側面もある。同時に、大統領が桜内義雄衆議院議長の発言を十分に念頭に置き、日本側の出方によってソ連の対応も変わることを示すねらいもあったと言える」と分析した。

また、毎日新聞は「池田氏によると、北方領土問題については『民間人という立場から非礼にあたる』と、具体的に論議しなかったという。このため『大幅に歩み寄る』との表現は何を指すかは不明な部分もある。しかし、これまで繰り返して北方領土問題を取り上げることに極めて消極的だったソ連が、この問題を日ソ間で取り上げるとともに、日本側からも大幅な経済面での協力を求める意味とみられる」と解説した。

また、ゴルバチョフは「私は日本に向かって大幅に歩み寄るつもりだ」と言明した。この譲歩発言は各紙の脇見出しになったように広く注目を集めた。

「聖教新聞」（'90・7・28）も当然ながら「池田ＳＧＩ会長、ゴルバチョフ大統領と会見、大統領『来春に日本を訪問したい』、SGI会長『哲人政治家に世界は期待』」と一面から三ページにわたって詳報した。ここで注目されたゴルバチョフ発言を同紙から引用する。

「訪日は絶対実現させます。ソ連は各国と幅広い対話を行っている。日本との対話がないのは正常を欠いています。私は日本に対して、幅広く対話をする用意をもっています。ソ連は大きな変革期にありますが、この九月から明年の上半期までは、最大の変革の時期にあります。日本を訪問できれば、それは、国内の重要な問題を乗り越えたという事です。できれば、春に日本を訪れたい」（傍線は筆者）

そこで池田が「『春』とは素晴らしい。私はその発言がうれしい」と応じると、ゴルバチョフは「『春』は私のシンボルですから」と答えている。

これはもう十四年も前のことであり、既に時効になっているが、「幅広い対話」と「幅広い譲歩」とではかなり意味が違ってくる。恐らく、この点を指摘するのは本書が初めてであろうと思われるが、自分自身、長い間報道にたずさわっていた経験から、改めて報道の難しさをかみしめている。

もっとも、九〇年七月の桜内議長ら議員団の訪ソの時点では必ずしも楽観的でなかった。桜内はゴルバチョフ、シェワルナゼらとの会談で、執拗《しつよう》に領土問題の解決を迫った。

今日はジャパン・デー

当時、駐ソ大使として赴任したばかりの枝村純郎は、七月二十五日のゴルバチョフ・桜内会談について次のように記している。

「桜内議長は、大統領訪日の際には、この（北方領土）問題に真剣な考慮を払うよう要望されました。ゴルバチョフは、日本側としては領土問題以外に取り上げる問題はないのか、桜内議長も領土問題以外の話はしないのか、と繰り返し聞き返しました。挙句《あげく》の果てに『日本に行っても一つの問題しか話せないのであれば、自分の訪日も考え直さないといけないかもしれない。訪問してかえって両国関係を悪くするのでは意味がない』との発言が飛び出しました。これは重大な発言です」（『帝国解体前後』枝村純郎、都市出版、'97・10刊）

訪ソ中、桜内はシェワルナゼと会談したが、温厚なシェワルナゼが激高して九月予定の訪日を延期する可能性を示唆するという場面があった。「ペレストロイカを援助することはドブに金を捨てるようなものだ」という六日前の名古屋での外相中山太郎発言について触れ、〝深い遺憾の意〟を表明したのだ。「中山太郎の不用意な発言はソ連指導部の強い拒否反応、マスコミの批判を呼び起こした」とパノフは書いている。

枝村はゴルバチョフ、シェワルナゼの発言を重く受け止め、頭を抱えてしまった。その心配を吹き飛ばしたのが、ゴルバチョフ・池田会談だった。枝村は回想する。

「状況がようやく好転の兆しを見せ始めたのは、その（本省の欧亜局長兵頭長雄に電話で報告した）後でした。ちょうどそのころロシアを訪問中であった創価学会の池田大作名誉会長に対し、ゴルバチョフ大統領が、訪日は桜の咲くころになるだろうと述べたという情報が入ってきたのです。『訪日延期』どころか、ゴルバチョフ自身が訪日の具体的な時期についての考えを、初めて明かしたのです。正直、ほっとしました」（前掲書）

ゴルバチョフは、訪米（六月初め）を終えて、第二十八回ソ連共産党大会開催（七月初め）、そして、西独首相コールを迎えての「統一ドイツのNATO加盟容認」の共同声明発表、その他目まぐるしい状況の中にあった。党大会では、五月末にロシア共和国最高会議議長に選ばれたばかりのエリツィンが離党を宣言して話題となった。

その多忙なゴルバチョフが桜内・シェワルナゼ会談の後、枝村の大使信任状捧呈式に時間を割《さ》いた。異例にもシェワルナゼが立ち会った。ゴルバチョフは式の後「それでは、〝ちょっと〟会談をしましょう」と枝村を別室に誘った。枝村の回想。

「ゴルバチョフは上機嫌のように見えました。『〝今日はジャパン・デー〟である。先程も池田名誉会長と会ったばかりである』こうゴルバチョフが切り出すと、シェワルナゼが引き取って、『自分も同じで、今日は桜内議長と会談した。貴大使とも二度目である』と言って笑いを誘いました。ゴルバチョフが『日本から訪問客が来るたびに自分の訪日時期がいつになるかに関心を示すが、自分としては…』と言いかかったところで、私は『春でしょう。桜の咲くころ…』と口を挟みました。『その通り。春が一番好都合だが、春でなければ夏、夏でなければ秋…』と一応はぐらかしたうえで、『しかし、年の前半が望ましい』とゴルバチョフは答えました」（前掲書）

会談は和やかな雰囲気で終わった。枝村は「つい数時間前には、新任の大使にとって随分と深刻なように見えた事態は、一夜明けるのを待つことなく一挙に好転したのです。これは幸運と言うほかありません」と述懐している。

パノフは、桜内訪ソについて「領土問題だけに終始した」とあっさり片付けた後、次のように書いている。

「ソ連の新聞雑誌に掲載された公式報告でこの（桜内のゴルバチョフとの）会見が数行しか扱われなかったのに、その三日後のゴルバチョフと池田大作との会見が大々的に報じられたとしても、驚くにはあたらない。また、その記事の中で、日本、日本国民、日本政府とあらゆる措置について論議する用意があるが、『いかなる最後通牒も、いかなる前提条件もあってはならない。それは両国民にとっては全く屈辱的なものだ』というソ連大統領の発言が引用されたのも、驚くにはあたらない。これは強い口調であったが、もちろん、七月二十五日の（桜内との）会見の印象なしには出なかった発言だった」（『不信から信頼へ』アレクサンドル・パノフ、高橋実・佐藤利郎訳、サイマル出版会、'92・8刊）

「注目されるのは、その時の池田大作との会見で、ゴルバチョフが九一年の劇的出来事を予見していたことである。ゴルバチョフは来年は〝ソ連にとって重大な時期、重大な試練が訪れ、単にペレストロイカの歴史やソ連の社会および国家の歴史にだけでなく、多分この国全体の歴史の決定的な段階〟になるだろう、と語った。周知のように、この言葉通りのことが起こった」（同書）

「この言葉通りのこと」とはソ連という国の消滅であった。

ちなみに、池田・ゴルバチョフ会談の実現の裏に金銭の授受があったかのような情報が一部マスコミに流れたことがある。しかし、調べてみると、何ら根拠のない話であった。ゴルバチョフ自身、フランス旅行中に記者団から創価学会との金銭授受の疑問をぶつけられた際、当然ながら「そういう馬鹿げた質問をするのはフランス人だけだ」と怒りを交えて明確にこれを否定している。

事実は当時のソ連共産党国際部長ファーリン、第一副部長ブルテンツらが、長年の創価学会と池田の活動を事前に十分調査・検討した結果、セッティングされた会談だった。

これに関連するが、九〇年の池田訪ソ以前の創価学会および池田の対ソ交流の実績についての情報があらかじめゴルバチョフの耳に入っていたであろうことは容易に想像できる。池田はコスイギン、チーホノフ、ルイシコフの三首相と会談を重ねた。また、長年にわたる創価学会の積極的な対ソ文化交流はソ連側の注目を引いていた。モスクワ大学と創価大学との人的交流、さらには、池田が六三年秋に創設した民主音楽協会（民音）による、ソ連の音楽家招聘《しょうへい》などがモスクワで評価されていたのは間違いない。民音の日ソ交流は六六年九月のソビエト国立アカデミー・ノボシビルスク・バレエ団の日本公演以来、九〇年までに十五回以上を数えていた。現在もロシアと民音は交流を続けている。

「桜の咲くころ日本に」の約束を実現

それはともかく、ゴルバチョフは池田との約束を果たした。翌九一年の桜の咲く四月に来日した。首相の海部俊樹と七回も会談を重ねた。日ソ首脳会談は領土問題をめぐり緊張の連続だったようだ。一時は袋小路に入った。共同声明の草案作りも難航をきわめた。ゴルバチョフは「迎賓館のとりこ」になったと後にぼやいたとの話を聞いたことがある。ここでは首脳会談での繁雑な交渉には触れない。

ただ、枝村が興味あるエピソードを記しているのでそれを紹介したい。当時外相だったベススメルトヌイフが九七年訪ロした枝村に語ったところによると、ゴルバチョフは、訪日する以上日本にとっても受諾可能な解決策を見いだし、日ソ関係を動かしたいとの強い意欲はあったというのだ。しかし、訪日が近づくにしたがってソ連国内で反対が高まった。特に軍部と漁業関係者が領土問題に強硬であった。これにはドイツ統一問題でソ連は譲歩し過ぎたという根強い「新思考外交」への批判の底流があったとベススメルトヌイフは指摘した。また、ゴルバチョフが訪日の途中ハバロフスクで、人道的見地から日本人抑留者の墓地に献花したが、ゴルバチョフの行く先ざきで「われわれの島を売り渡すな」というシュプレヒコールで迎えられたのも、ゴルバチョフにはこたえたらしい。ハバロフスクから東京に向かう機内でゴルバチョフは「これはとてもいかんな」と(同)外相に漏らしたとのことである。

ゴルバチョフは滞在二日目、寸暇を割いて池田を宿舎の元赤坂・迎賓館に迎え短時間会談して旧交を温め合った。池田から「誇り高き魂の詩《うた》」という長編詩を贈られ、激励の言葉を受けたこ

会談（上）

'91年4月18日、ソ連大統領として初来日。「桜の咲く頃に日本を訪問したい」との約束通り、来日。元赤坂・迎賓館で再会（2回目の会談）

'92年4月21日、都内のホテルで会談。ライサ夫人との初の出会いとなった（3回目の会談）

'93年4月23日、都内ホテルでゴルバチョフ夫妻と池田夫妻の会談（4回目の会談）

'93年4月24日、創価大学を訪問。「ゴルバチョフ夫婦桜」を植樹（4回目の会談）

とにゴルバチョフはいたく感激した様子だったという。

領土領土で責め立てられたゴルバチョフは東京から京都に向かい、その後、池田との会談で希望していた広島ではなく、長崎に立ち寄った。長崎ではロシア人墓地と平和公園を訪れた。そして、ゴルバチョフの専用機は次の訪問国韓国の済州島に向けて飛び立った。済州島でのゴルバチョフ夫妻一行は心からの解放感を味わったと聞いている。

激動の九一年は、ゴルバチョフにとって災難の連続だった。初の訪日の四月の時点でゴルバチョフが予想だにしなかった苦難がゴルバチョフを待ち受けていた。特に、八月の保守派によるクーデター未遂事件は、ゴルバチョフ夫妻を打ちのめした。その後、ゴルバチョフは同年秋にかけてロシア共和国の指導者ボリス・エリツィンから権限を次々と奪われ、連邦とロシアとの権力バランスは逆転した。

そして、ついに同年末のソ連解体である。十二月七、八の両日、「ベロヴェーシの森の三匹のバイソン（野牛）たち」（ゴボルーヒン下院議員の言葉）がベロヴェーシの森（ベラルーシ）で陰謀を企てた。ボリス・エリツィン（ロシア大統領）、レオニード・クラフチュク（ウクライナ大統領）、スタニスラフ・シュシケビッチ（ベラルーシ最高会議幹部会議長）だ。ゴルバチョフ、いやソ連国民に事前に明らかにすることなく行った彼らのソ連解体の謀議こそは、疑いようのない第二の反ゴルバチョフ・クーデターであった。「森のクーデター」「十二月クーデター」とも呼ばれる。

ソ連解体

大方の読者は信じられないだろうが、ソ連はあの時点で、自然に「崩壊」したのではない。エリツィンらはソ連という国を消滅し、ソ連大統領のポストをなくすことによってゴルバチョフをクレムリンから追い出したのである。この事実を詳細に検証したのが、拙著『ベロヴェーシの森の陰謀』（潮出版社、'99・4刊）だ。

パラシチェンコは回想録で、次のように振り返っている。

「ソ連の消滅とゴルバチョフの連邦条約案の廃絶は、実際は大変困難なことで、事前に正確に、注意深い計画のもとでやるべきことがたくさんあったが、ゲンナジー・ブルブリス（当時ロシア共和国国務長官兼第一副首相）、セルゲイ・シャフライ（同ロシア共和国大統領法律顧問）、アンドレイ・コズイレフ（同ロシア共和国外相）はそれを完璧《かんぺき》に成し遂げた。彼らができる最後の完全な仕事であった。それは国と国民にとって高いものについた。ほとんどドイツ的な正確さでゲームプランを遂行した。ロシアの歴史ではまれな出来事である。十二月一日から九日の間、エリツィンは少なからずゴルバチョフと、またシェワルナゼと会っている。彼はまだこの時点でも、彼の部下たちと違って、迷っていたと私は思う。それでも、十二月六日、ミンスク（ベラルーシの首都）首脳会談に不吉な予感がした。あの三人はそろって、ゴルバチョフが嫌いか憎んでいるのだ。会談の支配的な要因はこれだと私は思った。それが物事を決めるのだと」（『ソ連邦の崩壊』

前出）

十二月九日、パラシチェンコはほとんどの国民と同様、テレビで、ソ連を解体し、独立国家共同体（ＣＩＳ）を創設するミンスク協定のニュースを知った。この日非常に複雑な感情を味わったことを良く覚えているという。エリツィンとその仲間がゴルバチョフを追放するために何かをするのではないかとの予感があったそうだ。

「彼らはそれをやった。私が驚いたのは、エリツィンがクラフチュクとシュシケビッチの助けを借りて、それを行ったことだ。大統領排除のために国を廃止してしまうことを躊躇《ちゅうちょ》しなかったのだ。つまり、それはクーデターであり、もちろん違法であった」とパラシチェンコは断じる。

その後、パラシチェンコは十二月二十四日、米国テレビの取材に答えてうまいことを言った。「このクーデターは、民主的に選ばれた人たちによって、しかもあまり民主的でなく、あまり公平ではないやり方で進められています」と。

最後の最後までゴルバチョフは抵抗したが、多勢に無勢であった。ソ連は解体され、ゴルバチョフはクレムリンから去らざるを得なかった。このソ連解体という歴史的大事件の検証に、いまだにソ連・ロシア専門家は消極的だ。まことに不思議なことである。

ここで特筆したい事実がある。まず、ゴルバチョフの退任セレモニーがなかったことだ。また、ソ連構成共和国の首脳の誰ひとりゴルバチョフに電話をかけてこなかったこと。そして独立国家共同体（ＣＩＳ）創設を決めた十二月二十一日のアルマアタ（当時のカザフスタン共和国首都）

会議に前ソ連大統領ゴルバチョフが招待されなかったことである。一つの国が地図から消えたというのに、ゴルバチョフに対するこの処遇は驚くべきことではないか。他国では想像もできない非礼といってよい。歴史的な大きな汚点であると強調しておきたい。

ペレストロイカあるいはグラスノスチという「パンドラの箱」をゴルバチョフが開けたことが、そもそもソ連解体の遠因であったと見ることもできるが、ゴルバチョフはそうした意見に異議を唱えている。

ゴルバチョフは語る。「今日、思想的異端に対する引き締めの緩和とグラスノスチ政策が国を自爆させた（ソ連解体に導かれた）という見解が横行しています。社会はまだまだ言論の自由を享受する準備ができていなかったのだ、と。私はこの考え方に賛成できません。その理由は第一に、そういった考えが、旧体制を懐かしむ人間や、初めからペレストロイカを快く思っていなかった現在の体制を支えている人間たちの口から発せられているからです。さらに決定的な点は、ペレストロイカが始まるころのソビエト連邦は、世界の中で最も教育水準の高かった国だったことです。その水準を情報の真空状態で保つことは、もはや不可能だったと言えるでしょう。（中略）言論の自由は常に、『善の自由』と『悪の自由』とを同時に秘めています。言論の自由は、『善』と『理性』に働きかけることもできますが、『暴力』を誘発することもできることは明白です。しかし、それが果たして、ロシア民衆は真実を知る権利が全くないことを意味するでしょうか。ロシア人は永久に幼稚で、情報や知識を自分に役立つように使えるようにならないと言えるでし

ょうか」（『二十世紀の精神の教訓・上』前出）

このゴルバチョフの言葉に池田は「人間の善性を愛し、人間は互いに信じ合えるものだという大前提から事を始められたあなたにとって、ロシアの民衆が例外であるはずがありません。グラスノスチは、必ずやロシアの社会を益するであろうという、昔も今も変わらぬあなたの不動の信念に、私はもろ手を挙げて賛同します。ペレストロイカの初期、ソ連通で知られるスチーブン・コーエン教授（米国の歴史学者）がいみじくも、『ゴルバチョフは、言葉の力を信ずることから始めた』と述べたように、グラスノスチこそ、ペレストロイカの核心中の核心に位置しているはずです」と、ゴルバチョフの始めたグラスノスチ政策への絶対的な支持を表明した。グラスノスチの延長にソ連解体後の「自由なロシア」が存在していることは改めて言うまでもない。

そうは言っても、ソ連解体の直接の引き金を引いたのが、ゴルバチョフのかつての盟友でもあった「裏切り者」であったことは疑いない。エリツィンらを念頭に、ゴルバチョフは回想録の「結び」で、「裏切り者」たちに言及している。

「裏切り者としか呼びようのない人でなしが間違いなくいる。私が『裏切り』という時、私個人に対する『裏切り』を意味しているのではない。振り返ってみて、私は、私にこれまで協力してくれた人びとすべてに対し、私の仲間に入れとか、私個人に忠誠を誓えとか要求したことは一度としてない。私が『裏切り』と言っているのは、われわれが目的として掲げた大義に対する『裏切り』のことである。大義を裏切り、敵に寝返った人間ほど下劣極まる者はない」

ゴルバチョフ辞任

ソ連解体を事前に国民に（もちろん、ゴルバチョフや議会にも）諮《はか》ることなく決めたエリツィンら「三人の酔っ払いども」を逮捕するようゴルバチョフに進言した者がいた。当時の状況で、ゴルバチョフが果たして軍を指揮できたかどうかは議論のあるところだが、ゴルバチョフはそうした進言者の言うことに耳を貸さなかった。仮にゴルバチョフとエリツィンとの立場が逆だったら、内戦を招く可能性は大きかったと思われる。九三年十月のホワイトハウス（ロシア最高会議の建物）襲撃事件（エリツィンの命令で戦車が出動して砲撃した事件）を想起すれば、納得がいくだろう。

ゴルバチョフは九一年晦日まで職務を全《まっと》うするはずで、十二月二十七日に読売新聞代表団とクレムリンの自分の執務室で会見する予定だった。しかし、当日朝、エリツィンとその仲間たち（ルスラン・ハズブラートフ、ゲンナジー・ブルブリスら）はその部屋を占拠、ウイスキーのビンを空けて乾杯し、どんちゃん騒ぎに移った。酔った勢いで部屋の中を点検し歩いた。「〝猛獣たち〟のお祭りだったとしか言いようがない」とゴルバチョフは記している。

この一件の二日前のクリスマス当日二十五日午後九時、ゴルバチョフは国民向けのテレビ演説を十分間行い、辞任を表明した。

パラシチェンコは当時の模様を次のように書いた。「一部の人びとが恐れ、大勢の人びとが待っていた最後の瞬間が近づいてきた。九時数分前、ゴルバチョフがテレビの生放送演説を行う部屋は、同僚、記者、技術者、守衛、その他たまたまそこに居合わせた人びとでいっぱいだった。彼らの大多数は、私にとってなじみの顔だった。ゴルバチョフが演説のテキストの最終確認をし、技術者と意見を交わしながらページをめくっているとき、私たちは声を抑えて話した。彼が話し始めると、私はいくつかの仕事——演説を聞き、人びとを観察し、過去と現在のことについて思いをめぐらす——を一緒に始めた。いい演説だった。うらみも批判も表明されず、後継者たちに対する甘い言葉もなかった。エリツィンは（ゴルバチョフ演説に）怒ったという。私には良く分かる。この思慮深い演説は今後多年にわたって語り継がれるだろう。立ち会っている人たちの表情を見ると、多くの人たちが感動し、目に涙が溢れている人たちもいた。彼らが何を考えていたか、一概には言えないが、多数の人たちがそのとき、ゴルバチョフに敬意を表したと思う」（『ソ連邦の崩壊』前出）

これが超大国ソ連の終焉の一幕であった。パラシチェンコは感動的な言葉で回想録を締めくくった。

「ゴルバチョフは型にはめられるような人間ではない。私はさまざまな状況にいる彼、さまざまな雰囲気をもった彼を見てきた。私は自信に満ちて得意そうな彼、困惑し、打ちひしがれ、混乱した彼を見てきた。彼は失脚したが、追放されたのではない。最後の時期、政敵らは彼に恥をかかせ、彼を政治的な破滅に追い込もうとした。彼が自分自身のため、また国家のため十分なことをしなかったと思えることもたびたびあったし、間違いも犯した。間もなく、彼の性格上の欠陥を数え上げることも流行するだろう。しかし、私は、これらの欠陥がソ連の終焉《しゅうえん》の決定的な要因になったとする考えには同意しない」

「ゴルバチョフはベストを尽くした。（中略）困難なこの一年の間にゴルバチョフは敗北を運命づけられ、敗北したのである。ゴルバチョフは二つの強力な打撃を受けた。八月クーデターとソ連解体が、彼の政治的運命を決めたのである。私はゴルバチョフと握手して別れを告げながら、この国が生き続け、彼が実現しようとした大義――民主主義への移行、法の支配、人権――が引き続き追求されるだろうと思った。恐らく、彼は正しかった。すべてはまだ始まったばかりなのだ」

八五年から九一年までゴルバチョフとシェワルナゼの主任通訳官だったパラシチェンコならではの貴重な記録であると思い、ここで採録させてもらった。

筆者は九七年九月モスクワのホテルでパラシチェンコと会って話を聞いたことがある。ゴルバチョフ財団の一員だった彼は米国の友人に勧められて本を書いたと言っていた。それが『ゴルバチョフおよびシェワルナゼとの年月』邦訳・『ソ連邦の崩壊』である。

このときのパラシチェンコの言葉で興味深かったのは、ゴルバチョフとブッシュが「車中会話」（二三三ページ参照）の際、お互いに「中国カード」を使わないことで合意した事実を明らかにしたことだ。両首脳は中国問題を両国間の交渉に絡めない約束をしたのである。パラシチェンコ自身、この会話を通訳した当人だから間違いない。「この合意は今まで公表されていない秘密ですよ」と特別明かしてくれたことを思い出す。

第6章　二十一世紀に向けて

1. ゴルバチョフ財団創設

ゴルバチョフへの評価

ゴルバチョフはソ連解体後の九二年一月、ゴルバチョフ財団（社会経済・政治研究国際基金）を創設し、総裁に収まった。筆者は三回、ゴルバチョフ財団を訪問した。最初の建物（ソ連時代に共産党研修所として使用されていた）では会議ホールのほかホテルの設備もあって宿泊したことを覚えている。

モスクワはレニングラード街道沿いにある現在の建物正面左の一階に、その名も「プレジデント」という高級レストランが開店しているが、入り口の壁いっぱいに、歴史に残る現代世界の政治家群の人物画が描かれていたのには度肝を抜かれた。また、現役時代のゴルバチョフ夫妻の活躍が一目で分かる写真が店内に飾り付けられていた。ゴルバチョフ財団日本支部（那覇市）が二〇〇二年十二月正式に登録されたという。

九二年には、大統領として初来日したときと同じ桜の季節四月に、ゴルバチョフはライサを連れて日本を再び訪れた。

このとき、ゴルバチョフ夫妻は都内のホテルで池田大作SGI会長と再会した。また、元首相中曽根康弘とも再会、都下秩父多摩国立公園の表玄関口にある日の出町の中曽根の山荘を訪れ、町民と親しく接した。

ゴルバチョフは前年の公式来日では、最初予定されながら訪問を果たせなかった広島にも足を延ばし、原爆慰霊碑に頭《こうべ》を垂れた。そこで「歳月は広島の痛みを和らげることはできなかった。このことは決して繰り返してはならない。われわれは原爆の犠牲者のことを決して忘れてはならない」と記帳した。

ゴルバチョフによれば、「二度目の訪日により、日本という国をずっとよく知ることができた」という。そして、彼は中曽根康弘、海部俊樹両元首相らの歓迎に感謝するとともに、次のようなエピソードを記している。前年末にソ連大統領のポストからゴルバチョフを追い出したエリツィンとその側近らによる信じられないような陰湿な嫌がらせである。

ゴルバチョフ一行の訪日旅行に対して、東京のロシア大使館は、まったく関心を示さなかったばかりではなく、彼らの旅行を打ち壊そうとは言わないまでも、何とかして辱めようとしたのだという。日本側関係者にモスクワから、ゴルバチョフに会わせてよい人物は誰か、逆に会わせてはならない人物は誰か、などという指示が次々に届いた。天皇との会見を邪魔しようとさえしたらしい。

このような対応は何も日本訪問だけではなく、大統領辞任後のあらゆる外国旅行で同じ目にあったとゴルバチョフは書いている。

ロシア外務省は各地のロシア大使に元大統領を無視するよう極めて厳重に命令していたのだ。命令は事こまかに指示されていた。訪問国の国家元首や首相が私のために開いてくれたレセプションにさえロシアの全権大使が取ってつけた口実で欠席する場合もあった。〝勇気を奮って〟私のところに挨拶に来たロシア大使は二人だけだった。

こうした嫌がらせの命令はエリツィン個人から発せられたものであろうと推測された。このことは、ソ連解体前後のエリツィンの言動を注意深く観察していると理解できるのである。そして、各地のロシア大使に元ソ連大統領を無視するよう直接指示していた。

当時のロシア外相は、エリツィンの腰ぎんちゃくと言われたアンドレイ・コズイレフ（五一年〜）だった。

同じく九二年五月にゴルバチョフはライサ夫人、娘のイリーナ、そして通訳パラシチェンコら数人の側近を伴って二週間にわたり米国を旅行した。当時の大統領ブッシュ（シニア）は側近に、ゴルバチョフを最高のもてなしで迎えるように命じた。ホワイトハウスで開かれる歓迎夕食会は、名称は別としても公式晩餐会と同じものにすることとされていた。ゴルバチョフへのブッシュの友情の証《あかし》であった。

しかし、ロシア大統領エリツィンは、ゴルバチョフ一行が米国内を旅行するに際して十七人の国務省職員が随行すると知って激怒した。駐米ロシア大使ウラジーミル・ルキーンはブッシュ政権に、ゴルバチョフがもしワシントンで国家元首並みの扱いを受けるのであれば、エリツィンはそれを個人的な侮辱と受け取るであろうと伝えた。このエリツィンの脅しにブッシュは、ホワイトハウスでの歓迎夕食会を小規模な内輪の集まりに変更せざるを得なかったというエピソードがある。

夕食後ブッシュは同席したベーカー（ジェームズ＝元米国務長官）にかつてのパートナーについて「あの人物は最高だった。大したものだ。失ったのは惜しい」と漏らしたと伝えられている。ブッシュはエリツィンの感情を逆なでしないように、夕食会の写真はいっさいマスコミに流さないように厳命した。

さて、ソ連解体後、十数年たったが、ロシア国民の間のゴルバチョフに対する評価は、実際のところ、さほど高いとは言えない。世論調査を見ても、歴史的に好ましい政治家ランキングで、エリツィンよりは上位にいるが、スターリンやブレジネフといった西側では評価の低い政治家が上位にランクされている。

ゴルバチョフの場合、残念なことだが、国内での正当な評価は「棺を覆いて事定《こと》まる」ということなのだろうか。

ゴルバチョフの政治活動を見ると、二〇〇〇年三月十一日ゴルバチョフは、ロシアの社会民主主義路線を掲げる十二の政党をたばねたロシア統一社会民主党の党首に選ばれた。さらに二〇〇一年八月には、ゴルバチョフはコンスタンチン・チトフ（サマラ州知事）とかつての盟友アレクサンドル・ヤコブレフとともにロシア社会民主党（ＳＤＰＲ）を結成、党首に推された。しかし、〇四年五月二十二日議長チトフと対立し、党首を辞任した。

大統領選挙に出馬

ゴルバチョフは九六年の大統領選挙に出馬したが、わずか〇・五一％の支持率で立候補者十人中七位に終わった。この選挙では、二回目の投票で、オリガルヒ（政商）の支援を得、ふんだんに巨額の選挙資金を使ったエリツィンが再選された。

パラシチェンコは回想録のあとがきに次のように書いた。彼は、ロシア外務省に残るよう説得されたにもかかわらず、ソ連邦解体後も、ゴルバチョフ財団に職を得て、ゴルバチョフと一緒に仕事を続けている。

「ゴルバチョフは自国で忘れられた存在ではないが、自分たちの失敗について説明しなければならない共産党強硬派、急進派、現在の当局者たちのある種のスケープゴートになっている。彼はまた、以前の希望が打ち砕かれた大勢の普通の人びとのスケープゴートでもある。しかし、彼は、モスクワでも地方でも歓迎されている。人びとは彼の話を聴き、自分たちが考えていることを話している。人びとがこのように自由に行動できるようになったことも、彼の功績の一つである」（『ソ連邦の崩壊』前出）

しかし、パラシチェンコによれば、ゴルバチョフが九六年の大統領選挙に立候補したことは誤りだったという。

2. 国際的に活動

ゴルバチョフは現在、国の最高指導者としての重責から解放されて自由の身になったせいか、例の人懐《なつ》こい「ゴルビー・スマイル」をいかんなく発揮し、国際的に目覚ましい精力的な活躍を続けている。

注目されるのは、大統領在任中には考えられないほど日本とのかかわりを深めていることだ。これもSGI会長池田はじめ元首相中曽根、海部など著名人の知己を得ているからであろう。ゴルバチョフは、いつの来日の際も、終始リラックスした表情を見せている。

九二年春に続いて、ゴルバチョフ夫妻は九三年四月にも来日した。この三度目の来日の際、京都で開かれた「国際緑十字」（グリーンクロス・インタナショナル＝GCI）設立総会に出席、初代総裁に選ばれた。GCIは世界二十五カ国以上に支部を配置している。

創価大学名誉博士号授与

この三度目の訪日で、ゴルバチョフは池田と四回目の会談を行うとともに、創価大学の名誉博士号を授与され、「人類の未来と新思考の哲学」をテーマに講演し、学生に深い感銘を与えた。

ライサは創価女子短期大学から最高栄誉章を授けられた。

九四年五月半ば池田はモスクワを訪問した（第六次訪ロ）。

この時の会談で二人は、二十一世紀の後継の青年のために戦争の世紀を生きてきた先人として何かを書き残しておきたいという考えで一致し、新たに対談を開始した。一部往復書簡の形をとった。これが『二十世紀の精神の教訓』として出版された。その折池田は親交のしるしに、池田自身が伊豆上空で機中から撮影した富士山の写真をゴルバチョフに寄贈した。ゴルバチョフは執務室の来客の目に留まる場所に飾っているという。

さらにゴルバチョフは九五年二月、四度目の来日の際には、都内ホテルで「ゴルビー・その人と政治哲学　冷戦終結後の平和の再構築」と題して講演し、パネルディスカッションに参加した。講演の中でゴルバチョフは、世界は危機的状況にあるとの認識を踏まえて、「多様性の中の統合」を目指すべきであると力説して、聴衆を魅了した（「毎日新聞」'95・2・17）。

ゴルバチョフは九五年十一月半ばに五度目の来日を果たし、次いで九七年十一月にも来日した。ライサを同伴しての日本訪問としては、この六度目が最後だった。

このときゴルバチョフは創価大学名誉教授称号を授与され、大阪で「新しい人間主義を求めて激動の時代からのグローバルな挑戦状」と題する講演を行った。

九九年九月愛妻ライサに先立たれたゴルバチョフは二〇〇一年十一月に四年ぶりの七回目の来日を実現する。この時、令嬢イリーナ（ゴルバチョフ財団副総裁）を伴っての来日で、初めて沖

1994年　第六次訪ロ

5月20日、モスクワのゴルバチョフ財団を訪ね、会談を行う。このとき、池田は伊豆上空の機中から撮影した富士山の写真を贈呈。写真額は、財団移転後も新館に掲げられている。(5回目の会談)

5月17日、モスクワ大学で、池田は初訪ロ20周年を記念して、「人間――大いなるコスモス」と題し2回目の講演を行う

縄まで足を延ばした。池田は都内の宿舎にゴルバチョフを訪ね、弔意を表し歓談した。第七回会談であった。

次いで、二〇〇三年三月にもイリーナ、孫娘アナスタシアと来日。八度目となる日本訪問で、このとき、小泉純一郎を首相官邸に表敬訪問した（十八日）ほか、創立九十周年を迎えた神戸学院大学に招かれ、「世界の平和、戦争、グローバリゼーション」と題する記念講演を行った。

池田とも再会した。聖教新聞社本社での会談（八回目）に先立ち、富士中学生合唱団によるロシアの歌「いつも心に太陽を」で出迎えを受けた。筆者がモスクワでよく耳にした非常にポピュラーな歌である。ゴルバチョフは感動し、「私もこの歌が大好きです」と言って、その一節を魅力ある低音で口ずさんでみせた。

一年四カ月ぶりに再会したゴルバチョフと池田は再び意気投合した。会談はいつものように和やかな雰囲気に包まれた。その席上、次のようなやり取りがあり、初めから終わりまで笑いが途切れなかったと出席者は語っている。

池田「私はきょう、総裁の率直な意見を、うかがいたい。『政治とは何か』『政治家とは、どうあるべきか』」

「答えたら、一冊の本になります。そもそも政治という言葉がいつ生まれ、政治家がいつから必要になったのか。一つの寓話を紹介しましょう」とゴルバチョフは言って、一口話（アネクドート）好きのロシア人らしく、寓話《ぐうわ》を披露した。

――医師と建築家と政治家が、誰の仕事が一番古いかについて語り合っていた。医師が言った。「聖書によれば、アダムのあばら骨からイブを作ったんだろ。これは医者がいなければできないよ。だから医師が一番古いのさ」

建築家が言った。「宇宙はカオス（混沌）の中から、一つの形に造られた。これは建築家の仕事だ。アダムとイブの時代よりずっと古い仕事さ」

最後に政治家が言った。「じゃあ、宇宙の手前のカオスを作るのは、誰なのだ。それこそ政治家の仕事じゃないか」――。

ゴルバチョフは説明した。「つまり、政治家が混乱を招く。だから政治家は、いつの時代も嫌われる。しかし同時に、政治家のいない世界というものは存在しないのです」

そして、「政治家を正しく方向づけるには、市民社会が成熟するしかありません。人類がもっと発展すれば、政治家でなく、市民社会そのものが政治を遂行していく力をもつかもしれません。市民一人一人の意識を十分に醸成していくことです。そして、互いの違いを認め合い、多様性を受け入れる社会、対話によって成り立つ社会でなければなりません」と付け加えた。

池田は「全く正しいです。民主主義を強くするには、民衆が強くなる以外にありません」と応じた。

九回目の来日は八カ月後の二〇〇三年十一月だった。ゴルバチョフは沖縄を再訪したほか、日本大学で「冷戦終結に尽力」した功績で名誉学位を授与され、「9・11以降における国際社会」

と題して記念講演をしている。

さて、ゴルバチョフは、二〇〇〇年の発足当初からプーチン政権を支持してきた。ある意味では、不倶戴天の敵エリツィンに対する批判の裏返しでもある。だが、テロリスト撲滅《ぼくめつ》を大義名分にチェチェンでプーチン政権が展開している戦争にはあくまで反対の立場を崩さない。チェチェン問題の平和解決を終始求め続けている。全般的にプーチンの政策を支持しているとはいえ、チェチェン戦争には反対というゴルバチョフの姿勢は、彼の人道主義、戦争反対の立場から十分理解できるのである。第二次チェチェン戦争は九九年秋に始まったが、いまだに収まっていない。

そして、イラク戦争に関しても、ゴルバチョフの立場は一貫している。米国とロシアとの良好な関係の維持を主張しながらも、イラク戦争反対の態度を貫く。フランスやドイツ、中国などと足並みをそろえて「ブッシュの戦争」に反対し続けるプーチン政権をゴルバチョフは支援している。

八回目のゴルバチョフ来日中（二〇〇三年三月十七日〜二十四日）、三月二十日に米国のイラク侵攻、つまりイラク戦争（ブッシュの戦争）が始まり、事実上、一カ月足らずで終わった。ゴルバチョフは東京で早速、マスコミから取材を受けた。「ブッシュの決定は正当化できないだけでなく、大きな政治的な誤りだ。イラク国民の犠牲者はますます増え、中東情勢を悪化させるだろう」と直ちに異を唱えた（インタファックス通信）。また、日本のある週刊誌のインタビューに答えてゴルバチョフは概《おおむ》ね次のように語った。

「戦争を始める説得材料がない。九一年の湾岸戦争では、フセインは明らかにクウェートを侵略していたから、世界は一致団結して対処した。今回は世界は分裂しているではないか。国連による大量破壊兵器査察は続けるべきだった。米国はイラクは危険だというが何が危険なのか具体的に証明できない。戦争によって被害を受けるのは、イラク国民だけではない。世界中が危険な状態に置かれるのだ。国連という国際協力のための機関は実質的に破壊されてしまった。法によって保たれる世界ではなく、力の世界になる。ある者が強い力で他の者を抑えつけるという世界。人類にとってこれほど危険なことはない。父親のブッシュ元大統領の方が息子より賢明だった。今のブッシュ政権の戦争目的はイラクの石油支配だ。日本はすぐに米国のイラク攻撃支持を表明した。重大な決定をしたものだ」

戦争終了から一年たってもイラクでは、ますます情勢が混乱している。連日、無辜《むこ》のイラク市民が男女、老人、子供を問わず恐怖の中におかれ、殺され、傷ついている。また、戦場に駆り出された若い米兵が殺傷され続けている。連日、星条旗に包まれた棺桶が遠路、運ばれてくる。無言の凱旋《がいせん》だ。既に「イラクのベトナム化」への警告が発せられた。ホワイトハウスの指揮官は安泰だ。まさに「一将功成りて万骨枯る」である。こうした状態はいつなくなるのだろうか。

戦争一年後の二〇〇四年三月、ゴルバチョフはフランスのＡＦＰ通信社に「イラク戦争はより多くのテロを呼び起こし、テロ防止には決してなっていない。民主主義は戦争やミサイルで強制されるものではない。他民族への敬意と国際法の順守によって行われるべきだ」とも強調した。「イラクに民主主義を植え付ける」というブッシュの主張に真っ向から反対した発言だ。

米英軍はブッシュ、ブレアの命令で解放軍としてイラクに侵入し、駐留している。しかし、一部ではあるが囚人（収容者）を丸裸にして虐待、拷問したり凌辱《りょうじょく》したりするという驚くべき非人道的な行為が明らかにされた。サダム・フセインの悪政と変わらないではないかとの非難の声が噴き出しているのは当然だろう。一部の恥知らずの兵士たちの仕業《しわざ》とはいえ、そうした蛮行をする軍隊を送り出した国は本当に民主主義国と言えるのであろうか。そんな国が植え付けようとする民主主義とは一体何なのか。イラク国民はもちろん、イスラム諸国にとって、非文明国の「民主主義」はごめんであり、内政干渉は余計なお世話だということになるであろう。

ゴルバチョフの言葉はまさに「新思考」そのものである。左とか右とかのイデオロギーの時代は米ソ冷戦、東西冷戦の終結とともに終わった。ゴルバチョフの新思考外交は脱イデオロギー、冷戦思考と正反対に位置することは既に述べた。しかし、冷戦思考の呪縛《じゅばく》がまだ解けない人たちが今なお少なくない。人間は進歩しないのだろうか。

イラク戦争終結後一年の情勢を振り返ると、「世界中が危険な状態に置かれる」というゴルバチョフの予言は不幸なことに、的中したといわざるを得ない。英有力シンクタンク国際戦略研究所（IISS）の指摘の通り、「テロの拡大」は疑いなく、イラク戦争のせいである。また、国連中心主義の実現は今こそ強く求められているにもかかわらず、国連の無力化もゴルバチョフの予言したとおりだ。一方、中東紛争の中心であるイスラエルとパレスチナとの対立、紛争も一向に収まる気配はない。果てしない報復合戦。グループ・テロと国家テロの報復の連鎖が続く。

中東以外でも、世界中が殺伐《さつばつ》としてきた。今、日本でも例外でない。空港、主要な駅、新幹線や繁華街での警戒体制は異常ですらある。人間への不信、民族への不信が増大しつつある。これは決してまともな状態ではない。なぜこういうことになったのか。何がこういう事態を招いたのか。

地球上から悲惨の二字をなくす

ところで、「この地球上から悲惨の二字をなくす」という戸田第二代会長の夢を実現することを平和行動の原点とすると池田は言う（「聖教新聞」'03・10・3）。今ほど地球に「悲惨」が溢《あふ》れている時代はないのではないか。

池田は二〇〇四年一月二十六日の第二十九回「SGIの日」にちなんで論文「内なる精神革命の万波を」を発表した。その中で、ゴルバチョフのような、米国のイラク政策への直接の批判はないが、次のように述べた。

「イラクの軍事行使の是非をめぐって国際社会の亀裂は今なお尾を引いていますが、そこでの教訓を各国が真摯《しんし》に踏まえながら、対症療法の域を超えて、抜本療法のために何が要請されているかをともに模索し、建設的な対話を重ねていくことが、何にもまして求められているのではないでしょうか」

「すなわちテロとの戦いという極めて今日的な〝非対称戦〟の泥沼化を防ぎ、なにがしかの実効を期するためには、テロリスト側からの自制が望み得べくもない以上、それと対峙する側にハード・パワーの行使にもまして、相手の立場をおもんばかる自制心を堅持しつつ、貧困や差別などテロリズムの温床に思い切ったメスを入れていく勇気ある度量が欠かせないからです。それが文明の証しではないでしょうか」

「そうでなくて、いくら『自由』や『民主主義』を、文明の果実である普遍的理念として言挙《ことあ》げしてみても、〝人の振り見て、わが振り直す〟自制心に発する呼びかけ、メッセージに裏打ちされていなければ、そして、『無理やり従わせるのではなく、味方にする力』（ハーバード大学ケネディ行政大学院のジョセフ・ナイ院長）であるソフト・パワーの『かたち』として民衆の心に届いていなければ、内実を伴わない空しいスローガンに終わってしまう――そうした懸念を、どうしても払拭《ふっしょく》することはできないのであります」

そして池田は「迂遠《うえん》のようでも、テロと武力報復の果てしなき応酬に象徴される荒涼たる時代の閉塞《へいそく》状況、時代精神の腐食せる根の部分に、私なりにメスを入れてみたい」と付け加えた。いかなる戦争であれ、戦争は絶対悪であるとの立場、戦争・武力で紛争を解決しようとしてはならないという信念に裏付けされた池田ならではの発言だ。「貧困や差別などテロの温床」の根絶。これは武力では永久に、絶対に、できないのである。

人間の生命を基軸にするゴルバチョフと池田。この混迷した世界情勢の中で、国際的に多大の影響力をもち、人道主義・人間中心主義という共通の基盤に立つ両賢人が、今こそ、そろって声を上げてほしいと願うのは筆者だけではあるまい。

後書き

二〇〇四年はロシア（ソ連）にとって、珍しいことに、いくつかの歴史的な事例について区切りのいい年である事実をご存じだろうか。

まず、

①日露戦争開戦（一九〇四年）の百周年にあたる。以下、古い順に列挙すると、
②九十周年——第一次世界大戦開戦（一九一四年）
③八十周年——レーニンの死去（一九二四年）
④七十五周年——スターリン時代の大規模集団化と富農撲滅開始（一九二九年）
⑤七十周年——革命家キーロフ暗殺事件および大規模政治テロ開始（一九三四年）
⑥六十五周年——第二次世界大戦開始（一九三九年）
⑦四十周年——フルシチョフ失脚とブレジネフ政権成立（一九六四年）
⑧二十五周年——アフガニスタン侵攻（一九七九年）
⑨十五周年——米ソ冷戦の終結とソ連人民代議員大会第一会期（一九八九年）
⑩十周年——第一次チェチェン戦争開始（一九九四年）

⑪　五周年――プーチン首相誕生（一九九九年）

そして、池田大作創価学会名誉会長・創価学会インタナショナル（ＳＧＩ）会長の初訪ソ（一九七四年九月八日－十八日）のちょうど三十周年にあたる。

本書の出版は、「ゴルバチョフと池田大作」という題名ではあるが、池田名誉会長訪ソ三十周年を記念するとともに、冷戦時代、ペレストロイカ、日ソ（露）の歴史に関する分かりやすい解説を書いてほしいとの角川学術出版の斬新な企画によって実現した。

企画の話を聞いたとき、最初は正直、やや躊躇《ちゅうちょ》する気持ちがなかったとは言えない。私にとってかなり重い課題であるからだ。しかも、急を要するとのことで、執筆期間が非常に限定された。大学教員としての仕事のほかに、個人的な研究課題が日常的に山積しているため、締め切り予定日に間に合わせる自信がなかった。

しかし、力量不足を承知で、あえてお引き受けすることにした。

その理由の第一は、ミハイル・Ｓ・ゴルバチョフ、池田大作対談集『二十世紀の精神の教訓』（上・下）を読んで、感銘したことだ。

イデオロギーとか宗教の立場を超えた両者の「階級、民族あるいは宗派といった限定的な価値ではなく、全人類的価値を重視した」哲学的な思考に共鳴する部分が多い。

また、彼らの絶対平和主義にも共感した。人間重視の視点。生命は何ものにも代えがたく尊い、絶対に人を殺してはいけない、憎しみ合うべきではないという大原則は、二十一世紀の現在こそ徹底されなければならないと思う。各国のリーダーたちは両賢人の英知を自らの言動の規範にすべきではないか。

私は「創価学会ニュース」九六年十一月号に対談集の書評を求められて次のように書いた。

「新刊の『ゴルバチョフ回想録』でも触れられていない内容が少なくない。その意味で、『教訓』であるだけではなく、貴重な記録でもある。引き出し役の池田氏の功績大だと思う。ゴルバチョフ氏はまれに見る、明確な政治哲学をもった政治家である。氏は『私の個人的な哲学の礎石は、一人一人の人間に内在する価値を信じ、人間が本来もっている倫理的、社会的存在価値を認めることにあります』と言う。ソ連の歴史で、こういう哲学をもった指導者は存在しなかったと断言したい。ペレストロイカという歴史的な革命を成し遂げた政治家ならではの哲学である」

この対談集は今年春、中国語版が完成、香港の大手出版社「天地図書」から刊行された。日本語版、ロシア語版、ドイツ語版、イタリア語版、フランス語版、韓国語版に次ぐ出版だ。これで七カ国語に訳出・出版されたことになり、いずれもベストセラーとなっていると聞く。

第二に、ゴルバチョフ時代の総括の必要性をかねがね考えていたので、その機会が与えられたのだと勝手に解釈した。

本書でも触れているが、私は早くからゴルバチョフ政治、ペレストロイカに関心を寄せていた。ゴルバチョフの政治哲学を「ゴルバチョビズム」と呼んだ。ゴルバチョフ氏とその政策に関する拙著は、小学生雑誌「小学六年生」九一年四、五月号（小学館発行）の付録マンガ「ゴルバチョフの危機」の監修を含め、十冊を超える。しかし、いずれもゴルバチョフ時代に書いたものだ。ゴルバチョフ氏がクレムリンを去った後、残念ながら、ゴルバチョフ時代やペレストロイカを総括する機会がなかった。

いや、よく考えると、一般的に、「ゴルバチョフの──」とか「ペレストロイカの──」といったゴルバチョフ論、ペレストロイカ論は、だいたい、ゴルバチョフ時代に書かれたものである。ソ連解体後、ゴルバチョフ時代を総括した文献（翻訳を除く）の本邦での出版は、寡聞にして知らない。

あれよあれよと言う間にソ連がなくなり、エリツィン時代に突入して、ロシアは目まぐるしく動いた。ゆっくりとゴルバチョフ時代を分析・検証するいとまもなく、今日まで来てしまったということではないか。

一方では、上下二巻の膨大な第一級の資料『ゴルバチョフ回想録』はじめ、ロシアの政治家、日ソ関係者、日本とロシアのジャーナリストなどの回想録は数多く出版され、邦訳も少なくない。それらを基にして、ソ連最後のゴルバチョフ政権を総括したものが一冊ぐらいあってもいいのではないかというのが私の考えであった。

わずか六年九カ月のゴルバチョフ施政だったが、ゴルバチョフが実行したことは余りにも多い。そのすべてを網羅し、分析することは不可能である。「言葉の力を信じる」（スティーブン・コーエン教授）政治家ゴルバチョフは多弁だ。また、ゴルバチョフは雄弁なので、口先だけだと陰口をたたく向きもある。しかし、それはとんでもない間違いだ。

ゴルバチョフ政権の総括やその歴史的な評価は、ソ連解体後十二年や十三年くらい経っただけでは、まだまだ早いという意見があるかもしれない。しかし、今の時期あえて挑戦する価値はあるのではないかと思う。「ゴルバチョフに対する思い込みが過ぎるのでは」という批判にこたえるためにも、かつての反共の闘士レーガンの回想録など多くの文献を利用させてもらった。

企画立案者のご要望もあり、今は存在しないソ連という国、ソ連時代、とりわけ、第二次世界大戦後の冷戦時代のソ連事情と日ソ関係にも踏み込んだ。というのも、ソ連を知らない世代が増えつつあるので、現代史のひとこまとしてのソ連の存在を改めて若い読者に振り返ってもらいたいと思うからである。

また、ゴルバチョフ氏とその政策を論じるにあたり、池田名誉会長とソ連とのかかわりの歴史、両氏の興味深い発言はもちろん、日ソ両国関係者の回想などを随所に織り込んで、そもそもの企画の趣旨から離れないように心掛けた。その試みが成功したかどうかは読者の判断にまかせるが、おおむねその目的は達せられたのではないかと愚考する次第だ。前記のゴルバチョフ、池田両氏の対談集は最大、活用させていただいた。

ただ、資料を検索しているうちに気が付いたのだが、池田名誉会長の発言のほとんどが聖教新聞その他の紙誌にほぼ完全に繰り返し採録されている。それら紙誌からの改めての引用は「屋上屋を架す」きらいがあり、やむを得ず、最重要ポイントにとどめたことをお断りしたい。

来年二〇〇五年はプーチン政権誕生五周年であるとともに、ゴルバチョフ政権誕生二十周年にあたる。ゴルバチョフ、ペレストロイカに関する新たな研究・分析に本書が少しでも参考になればと願っている。

執筆にあたっては、自分が書いたものを再録した部分もあるが、巻末に列挙した参考文献からの引用が少なくない。中には余り知られていない興味あるエピソードもあったので、それらを意識的に拾い上げた。訳書の場合、原書も一部参考にした。それぞれの著者と訳者に改めて感謝申し上げたい。

なお、本文では原則として敬称を省かせていただいたことをここでお断りしておく。

思えば、八一年五月の池田名誉会長の第三次訪ソの際、私は時事通信社モスクワ支局長としてモスクワに勤務しており、池田名誉会長の動静を取材した。そうした貴重な経験が記念出版への参画に少しでも活かせればと念願しつつ執筆した。

最後に、出版企画を寄せられた角川学芸出版常務取締役青木誠一郎氏、編集の労をとられた同社の山口十八良氏、杉岡中氏に厚くお礼を申し上げる。

平成十六年（二〇〇四年）五月

中澤孝之

参考引用文献

▼参考にした主な文献一覧（出版年次順）

『露国及び露人研究』 大庭柯公、中央公論社、'84・3刊
『シュミット外交回想録・上下』 ヘルムート・シュミット、永井清彦・萩谷順訳、岩波書店、'89・2刊
『グロムイコ回想録』 アンドレイ・グロムイコ――ソ連外交秘史、読売新聞社外報部訳、読売新聞社、'89・10刊
『冷戦を超えて』 ロバート・S・マクナマラ、仙名紀訳、早川書房、'90・6刊
『サハロフ回想録・上下』 アンドレイ・サハロフ、金光不二夫・木村晃三訳、読売新聞社、'90・12刊
『ライサ・ゴルバチョフ』 ウルダ・ユルゲンス、桜井良子訳、ダイヤモンド社、'91・3刊
『戦うゴルバチョフ』 ルドリフ・コルチャノフ、アルカージー・マスレニコフ、鈴木安子訳、講談社、'91・4刊
『希望』 エドアルド・シェワルナーゼ、朝日新聞社外報部訳、朝日新聞社、'91・10刊
『大いなる魂の詩・上下』 池田大作、C・アイトマートフ、読売新聞社、'91・11刊
『ゴルバチョフとともに』 ライーサ・ゴルバチョフ、山口瑞彦訳、読売新聞社、'92・3刊
『不信から信頼へ』 アレクサンドル・パノフ、高橋実・佐藤利郎訳、サイマル出版会、'92・8刊
『最高首脳交渉・上下』 ストローブ・タルボット、マイケル・R・ベシュロス共著、浅野輔訳、同文書院、'93・4刊
『歴史の幻影』 アレクサンドル・ヤコブレフ、月出皎司訳、日本経済新聞社、'93・4刊
『わがアメリカンドリーム』（レーガン回想録） ロナルド・レーガン、尾崎浩訳、読売新聞社、'93・9刊

『マルクス主義の崩壊』 アレクサンドル・ヤコブレフ、井上幸義訳、サイマル出版会、'94・2刊
『科学と宗教・上下』 アナトーリ・A・ログノフ、池田大作、潮出版社、'94・5刊
『クレムリン秘密文書は語る』 名越健郎、中央公論社、'94・10刊
『出逢いの二十年』 ウラジーミル・トローピン、斎藤えく子・江口満・道口幸恵訳、潮出版社、'95・5刊
『ゴルバチョフ回想録・上下』 ミハイル・ゴルバチョフ、工藤精一郎・鈴木康雄訳、新潮社、'96・2刊
(ЖИЗНб П РЕФОбМЫ,1995.10)
『二十世紀の精神の教訓・上下』 ミハイル・S・ゴルバチョフ、池田大作、潮出版社、'96・7刊
『対日工作の回想』 イワン・コワレンコ、加藤昭監修、清田彰訳、文藝春秋、'96・12刊
『七人の首領・上下』 ドミトリー・ヴォルコゴーノフ、生田真司訳、朝日新聞社、'97・10刊
『帝国解体前後』 枝村純郎、都市出版、'97・10刊
『情報総覧現代のロシア』 ユーラシア研究所、大空社、'98・2刊
『財界対ソ攻防史』 鈴木啓介、日本経済評論社、'98・11刊
『ソ連邦の崩壊』 パーヴェル・パラシチェンコ、濱田徹訳、三一書房、'99・7刊 (My years with Gorbachev
and Shevardnadze,1997)
『キッシンジャー［最高機密］会話録』 ウィリアム・バー編、鈴木主税訳、毎日新聞社、'99・9刊
『池田大作全集』(第百十八巻) 池田大作、聖教新聞社、'00・7刊
『周恩来と池田大作』 南開大学周恩来研究センター、周恩来・鄧穎超研究会訳、朝日ソノラマ、'02・1刊
『大道を歩む ― 私の人生記録Ⅲ』 池田大作、毎日新聞社、'02・3刊
『新しき人類を新しき世界を』 池田大作、ヴィクトル・サドーヴニチィ、潮出版社、'02・5刊
『温故創新』 末次一郎、文藝春秋、'02・5刊
『遠い隣国』 木村汎、世界思想社、'02・6刊
『人生は素晴らしい』 池田大作、中央公論新社、'04・1刊

『新版ロシアを知る事典』 川端香男里ほか監修、平凡社、'04・1刊
『ロシアの外交政策』 斎藤元秀、勁草書房、'04・4刊

▼ゴルバチョフ関連の筆者の主な著書・訳書（いずれも単著）一覧
『ゴルバチョフ政権でソ連はこうなる ―― ゴルバチョフは大丈夫か?』 山手書房、'85・7刊
『ソ連の新戦略を読む ―― ゴルバチョフ綱領のすべて』 時事通信社、'86・6刊
『ゴルバチョフはこう語った』 潮出版社、'88・5刊
『大統領ゴルバチョフ大研究』 新芸術社、'90・5刊
『人間ゴルバチョフ ―― 初代ソ連大統領の素顔』 時事通信社、'90・8刊
『徹底分析・素顔のゴルバチョフ』 JICCブックレット、'90・9刊
『新版人間ゴルバチョフ』 時事通信社、'91・3刊
『瀕死の大国 ―― ソ連経済闘争の研究』 アンデーシュ・オスルンド、JICC出版局、'91・4刊
『変貌するソ連理解のキーワード』 山手書房新社、'91・4刊
『ゴルバチョフと運命をともにした二〇〇〇日』 アナトーリー・チェルニャーエフ、潮出版社、'94・4刊
『エリツィンの手記 ―― 崩壊・対決の舞台裏・上下』 ボリス・エリツィン、同胞舎出版、'94・5刊
『ロシアの選択 ―― 市場経済の導入の賭けに勝ったのは誰か』 エゴール・ガイダル、ジャパンタイムズ、'98・4刊
『ベロヴェーシの森の陰謀 ―― ソ連解体二十世紀最後のクーデター』 潮出版社、'99・4刊

中澤孝之（なかざわ　たかゆき）

長岡大学産業経営学部教授。

一九三五年（昭和一〇年）一月大連市生まれ。長野県佐久町に育つ。東京外国語大学ロシア語科国際関係課程卒業後、時事通信社入社。本社経済部記者、シンガポール、クアラルンプール、モスクワ特派員、モスクワ支局長、外信部次長、整理部次長、外信部長などをへて、県立新潟女子短期大学国際教養学科教授、長岡短期大学教授の後、現職。時事総合研究所客員研究員も兼任。東京ロシア語学院評議員。ロシア・東欧学会理事。

著訳書は、巻末に列挙したもののほかに、「ブレジネフ体制のソ連」（サイマル出版会・七五年）、「デタントのなかの東欧」（泰流社・七七年）、「スターリンとソ連邦の形成」（訳書・心交社・八九年）、「国際テロの研究」（共訳・心交社・九一年）、「資本主義ロシア」（岩波書店・九四年）、「エリツィンからプーチンへ」（東洋書店・二〇〇〇年）、「オリガルヒ――ロシアを牛耳る一六三人」（東洋書店・〇二年）など多数。

現住所　〒一四三―〇〇二五　東京都大田区南馬込五―八―七

ゴルバチョフと池田大作

発　　行	平成16年7月1日　初版発行
著　　者	中澤孝之
発 行 者	鈴木序夫
発 行 所	株式会社　角川学芸出版 東京都文京区本郷5-24-5　角川本郷ビル 〒113-0033　　電話 03-3817-8536（編集）
発 売 元	株式会社　角川書店 東京都千代田区富士見2-13-3 〒102-8177　　電話 03-3238-8521 振替　00130-9-195208
印 刷 所	東京書籍印刷株式会社
製 本 所	東京書籍印刷株式会社

ISBN4-04-651917-7